Nur wegen eines Mädchens!
Mannheim: Psycho-Terror im Netz

Autorinnen und Autoren:

Cagatay Aslantas
Daniel Domme
Mark Eitzer
Christine Frey
Zoé Harzheim
Samet Issi
Nazar Kandogmus
Nurhayat Kandogmus
Melanie Keil
Sude Kilic
Aylin Kurt
Alexander Mandel
Elena Mansar
Magdalena Meisetschläger
Anita Mokrosch
Michelle Müller
Jakub Musiol
Erik Partsch
Mussa Read-Linton-Sanbar
Cerin Saral
Franziska Schnabel
Tessa Sigmund
Kai Urban
Lars Urban

Projektleitung:

Organisatorischer Bereich:

Stephan Meinzer

Inhaltlicher Bereich:

Carola Kupfer
Dorothea Müller

Impressum

Bibliografische Information der Deutschen Bibliothek
Die Deutsche Bibliothek verzeichnet diese Publikation in der Deutschen
Nationalbibliografie. Detaillierte bibliografische Daten sind im Internet
unter http:/dnb.ddb.de abrufbar.

ISBN: 978-3-945131-05-3

Das Werk unterliegt einschließlich all seiner Teile dem Urheberrecht.
Jede Verwertung außerhalb der engen Grenzen des Urheberrechtgesetzes ohne Zustimmung des Verlags ist unzulässig. Das gilt besonders für Vervielfältigungen, Mikroverfilmungen, Übersetzungen sowie die Einspeicherungen und Verarbeitungen in elektronischen Systemen.

Copyright © 2015 Edition Schröck-Schmidt Verlag, Altlußheim

Text: Coole 6b – aus der Seckenheimschule

Gestaltung: www.deimann-design.de | Schwetzingen

Satz: Wolfgang Schröck-Schmidt

Druck und Bindung: Strauss GmbH, Mörlenbach

Gesamtherstellung: Edition Schröck-Schmidt
Gebrüder-Grimm-Weg 14
68804 Altlußheim
Tel.: 0172-6244168

Printed in Germany

Besuchen Sie uns im Internet: www.edition-schroeck-schmidt.de

Kapitel 1

Die Sommerferien waren gerade vorbei und die Schule begann wieder. Es war ein warmer Herbsttag, ein leichter Wind wirbelte die bunten Blätter auf dem Gehweg vor dem alten Schulgebäude in der Mannheimer Innenstadt auf. Das Gebäude war vierstöckig und aus rötlichem Sandstein. Es hatte große Fenster, die breiten Eingänge waren mit Säulen verziert. Auf dem Schulhof standen viele Schülergruppen, man lachte und erzählte sich die Ferienerlebnisse.

Die Schulglocke klingelte. Sarah, ein hellblondes Mädchen mit blaugrauen Augen, ging noch ein wenig müde Richtung Klassenzimmer. Sie war ziemlich groß, schlank und kleidete sich gern modisch. In der Klasse war sie beliebt, da sie sehr hilfsbereit war. Sarah fiel das Lernen leicht und sie schrieb fast immer gute Noten. Sie wohnte mit ihren Eltern in der Mannheimer Oststadt. Die Familie besaß ein Haus mit einem kleinen Garten dahinter. Sarah hatte ein gutes Verhältnis zu ihren Eltern, besonders zur Mutter, sie konnte ihrer Mutter alles sagen.

Vor dem Klassenzimmer fiel Sarah ein Junge auf, der etwas schüchtern an der Tür stand und suchend um sich blickte. Sarah wollte gerade zu ihm hingehen und ihn fragen, wer er sei, da kam Alex und rief: „He, was bist du denn für ein Penner? Was willst du in unserer Klasse?"

Aber der Neue sagte gar nichts. Alex war etwas stämmig und ziemlich klein, doch er ließ sich nie etwas von anderen gefallen. In der Klasse spielte er sich immer als Anführer auf und die Mitschüler hörten auch meist auf ihn. Vom Lernen hielt Alex nicht viel, den Unterricht fand er meist nur langweilig. Als er den neuen Schüler sah, dachte er: „Der wird nie mein Freund werden! Das ist voll der Schwächling!" Er wischte sich die braunen, relativ langen Haare aus seinem mit Pickeln übersäten Gesicht.

Zum Glück kam gerade Frau Meyer, die Klassenlehrerin, herein und fragte: „Hattet ihr schöne Ferien? Ihr seid ja jetzt in der achten Klasse." Frau Meyer war ziemlich jung, sie wirkte sportlich und trug gern bunt gemusterte Shirts. Bei ihrer Klasse war sie beliebt, da sie fast immer gute Laune hatte und viel mit den Schülern unternahm. Einige Schüler erzählten nun von ihren tollen Auslandsaufenthalten. Isabel war mit ihren Eltern in Griechenland gewesen, Tessa hatte Urlaub in Norwegen gemacht. Julian hatte einen Sprachkurs in England besucht. Robin und seine Eltern hatten bei einer Safari in Afrika viele Tiere gefilmt und Jonas war mit seiner Familie auf dem Mittelmeer segeln gewesen.

Der Neue schaute traurig zu Boden. In seinen Gedanken war er plötzlich weit weg. Er dachte daran, wie sein Vater am Ende des vorletzten Schuljahres einen Autounfall erlitten hatte, weil er bei Nebel frontal auf einen Baum gefahren war. Auf dem Weg ins Krankenhaus war er an seinen schweren Verletzungen gestorben. Tim war darüber sehr traurig, er weinte noch lange wegen seines toten Vaters. Da er keine Geschwister hatte, konnte er nur mit wenigen Menschen über seinen Kummer reden. Deshalb hatte er im letzten Schuljahr die Versetzung nicht geschafft und musste nun die Klasse wiederholen. Auch Tims Mutter hatte oft geweint, wenn Tim schon schlief. Die Trauer in der kleinen Familie war sehr groß. In der letzten Zeit wirkte die Mutter glücklicherweise etwas fröhlicher.

Unsanft wurde der Neue wieder in die Gegenwart zurückgeholt. Alex fragte mit einem frechen Grinsen: „Wie heißt du eigentlich? Der Stumme oder was?"

Alex war so gemein, weil er keine neuen Mitschüler mochte. Im Jahr zuvor war auch ein neuer Schüler in die Klasse gekommen, es war Robin. Am Anfang mochte ihn Alex nicht, aber nun war er sein bester Freund. Sie unternahmen viel zusammen. Robin störte, dass Alex immer alles bestimmen wollte, aber er traute sich nicht, es ihm zu sagen.

Da antwortete die Lehrerin: „Nein, euer neuer Mitschüler heißt Tim Grau. Willst du dich vorstellen, Tim?"

„Ja, ich bin 14 Jahre alt und wohne in Mannheim-Seckenheim. Ich habe keine Geschwister und ich bin sitzen geblieben."

„Ach was, auch das noch!", lästerte Alex schon wieder.

Aber Tim blieb ganz ruhig. Er schaute nur um sich und dachte: „Da bin ich ja in einer tollen Klasse gelandet. Dieser Typ ist voll der Idiot."

Frau Meyer hatte Tim einen Sitzplatz neben Robin, einem großen, schlanken Jungen zugewiesen. Tim merkte schnell, dass Robin ein Freund von Alex, dem Angeber, war. Immer wieder sah Robin zu Alex hinüber, der auf der anderen Seite des Klassenzimmers saß. Ansonsten wirkte Robin eher ruhig, er beteiligte sich auch selten am Unterricht. Er sah sportlich aus und trug teure Markenkleidung.

Beim Beobachten seiner neuen Mitschüler fiel Tim außerdem auf, dass Alex offenbar Sarah mochte, denn er schaute sie oft an.

Die Pausenglocke läutete und alle Schüler stürmten aus der Klasse außer Tim. Er verwickelte Robin in ein Gespräch und fragte: „Wollen wir Kumpels werden? Ich würde mich darüber freuen, Robin. Wenn du nicht willst, ist es auch o.k. Aber ich wollte dich fragen, weil mein bester Freund nach Stuttgart umgezogen ist."

Robin schaute Tim tief in seine braunen Augen und sagte mit rauer Stimme: „Ja, klar." Er packte ihn an der Schulter und sie gingen zusammen in die Pause. Auf dem Schulhof redeten sie noch lange miteinander. Als zehn Minuten später die Glocke wieder läutete, liefen sie ins Klassenzimmer zurück und setzten sich hin. Tim fiel wieder auf, dass in dieser großen Klasse von 28 Schülern anscheinend Alex der Boss war. Er führte das große Wort in der Pause und die anderen lachten über seine Witze. Leider war Mathe in der nächsten Unterrichtsstunde an der Reihe. Tim konnte dieses Fach absolut nicht ausstehen. Doch schließlich war der erste Schultag vorbei und alle Schüler verließen das Gebäude. Robin sagte zu Tim: „Tschüss bis morgen!" Der Junge stieg erleichtert in die Straßenbahn.

Da fiel ihm auf einmal Sarah auf. Er hatte sie schon vorher im Klassenzimmer bemerkt und hatte gedacht: „Ich wäre gern mit ihr befreundet." Ihre blonden, langen Haare, die sie offen trug, und ihre tolle Figur gefielen ihm. Die großen, blaugrauen Augen mit den langen Wimpern hatten oft einen nachdenklichen Ausdruck. Um den Hals trug Sarah eine Kette mit einem Anhänger in Herzform. Tim sagte erstmal gar nichts und lächelte Sarah nur an. Dummerweise saß Alex direkt hinter ihm. Dieser dachte sich: „Der Neue wird es bereuen! Wenn er meint, er kann Sarah anbaggern, wird er etwas erleben."

Alex überlegte sich, wie er Tim ärgern konnte. Irgendwann merkte Tim, dass Alex in der Nähe saß. Er dachte sich: „Oh Mist, Alex hat gesehen, wie ich Sarah angelächelt habe! Hoffentlich gibt es deswegen keinen Streit!"

Sarah musste bald aussteigen und Tim blickte ihr nach, als sie aus der Straßenbahn stieg. Bald darauf verließ auch Alex die Bahn, während Tim einen weiteren Heimweg hatte. Bis nach Seckenheim musste er fast eine halbe Stunde fahren. Doch dann war er beim Rathaus angekommen und konnte aussteigen. Nun musste er nur noch fünf Minuten zu Fuß zurücklegen.

Mit seiner Mutter wohnte er in einem alten Bauernhaus. Tim ging durch das breite Tor in den Hof, schloss die Haustür auf und betrat die Wohnung im Erdgeschoss. Da das Haus alt war, hatte die Wohnung ziemlich kleine Fenster. Tim stand im dunklen Flur, er suchte seine Mutter. Da fragte plötzlich eine Stimme aus der Küche: „Wie war der erste Schultag?"

Die Mutter kam auf Tim zu. Sie war auffallend hübsch und wirkte viel jünger, als sie tatsächlich war. Frau Grau trug eine ausgewaschene Jeans mit einem langärmligen T-Shirt darüber. Da sie bei der Arbeit im Büro immer gut gekleidet sein musste, zog sie zu Hause gern etwas Bequemes an. Man sah ihr das Alter von 37 Jahren nicht an. Vor dem Tod ihres Mannes war Frau Grau ein fröhlicher Mensch gewesen, doch jetzt fühlte sie sich oft einsam.

Tim schaute seine Mutter mit einem künstlichen Lächeln an: „Mein erster Schultag war sehr gut. Ich habe sogar schon einen neuen Freund, er heißt Robin, wir haben die Handynummern ausgetauscht. Aber dieser Alex ist voll der Idiot. Wir haben ziemlich viele Hausaufgaben auf, also bis später!"

„Aber es gibt doch noch Essen!", rief seine Mutter ihm hinterher.

„Kein Hunger! Hab' was in der Bahn gegessen!"

„Aber es gibt heute dein Lieblingsessen, einen Gemüseauflauf!", meinte seine Mutter.

„Das ist dein Lieblingsessen!", rief Tim genervt und ging in sein Zimmer.

Seine Mutter seufzte und sagte zu sich selbst: „Er ist in der Pubertät, sein Verhalten wird sich wieder bessern."

Da piepste plötzlich Tims Handy. Auf dem Display stand Robins Nummer und der Text war: „Hi, ich bin's, wollte mich mal melden!"

Kurz danach piepste sein Handy noch einmal. Es war eine neue Nummer, aber diesmal war kein Text dabei. Tim schrieb zurück: „Wer bist du?"

Später meldete sich Robin zum zweiten Mal. Er schlug vor: „Wollen wir uns morgen zum Skaten treffen? Alex kommt auch."

„Alles klar, ich komme", antwortete Tim und legte auf.

Er schnappte sein Skateboard und wollte leise, aber schnell aus dem Haus gehen. Bevor er die Wohnungstür erreichte, stoppte ihn seine Mutter und rief aus der Küche: „Wo willst du denn so schnell hin?"

Er antwortete: „Ich will nur ein bisschen skaten!"

Seine Mutter erwiderte: „Du hast doch angeblich so viele Hausaufgaben auf!"

„Ich möchte aber kurz skaten, um mich abzulenken, bitte Mum!"

„O.k., aber nur kurz. In zwei Stunden bist du wieder zuhause und machst deine Hausaufgaben."

Tim rannte in den Hof und fuhr mit dem Fahrrad zum Skatepark nach Feudenheim. Dort gab es eine Vielzahl von Obstacles, einige Quarterpipes, zwei Stufencurbs und eine Funbox in der Mitte der Anlage. Niemand war da außer ein paar kleinen Jungen. Plötzlich fing es auch noch an zu regnen. Weil der Wind immer stärker wurde und am Himmel nur noch schwarze Wolken zu sehen waren, hatte Tim bald genug. Er war sauer, weil ausgerechnet an diesem Nachmittag so schlechtes Wetter war, wenn er sich abreagieren wollte. In schlechter Laune fuhr er auf seinem Fahrrad wieder nach Hause. Er schimpfte vor sich hin, weil ihn der Regen völlig durchnässte.

Mit nassen Schuhen betrat er den Flur und lief schnurstracks in sein Zimmer, wo er seine Hausaufgaben machte. Dann war es schon halb sieben. Erstaunlicherweise war Tim total müde, er legte sich aufs Bett und schlief kurze Zeit später ein. Nach einer Weile kam seine Mutter ins Zimmer und versuchte ihn zu wecken. Aber er reagierte erst einmal nicht. Beim zweiten Mal wachte er auf und wollte wissen, wie spät es war. Darauf antwortete seine Mutter: „Es ist schon kurz nach acht und es gibt bald Essen. Bist du etwa so müde, dass du jetzt schon einschläfst?"

„Keine Ahnung, ich habe schlecht geschlafen", murmelte Tim. Er richtete sich auf und ging mit seiner Mutter ins Esszimmer. Während sie den Tisch deckten, erzählte Tim, dass er sich am nächsten Tag mit Alex und Robin treffen würde.

Seine Mutter schaute ihn mit großen Augen an und meinte: „Das ist ja schön, dass du schon Freunde gefunden hast! Ich habe auch jemanden getroffen, den ich sehr nett finde. Er heißt Florian Seitz und ist Bauunternehmer. Ihr solltet euch mal kennen lernen. Ich selbst kenne Florian schon lange. Er wohnte früher in meiner Nachbarschaft."

Tim sah sie skeptisch an und sagte: „Wenn du meinst. Auf jeden Fall hau ich mich jetzt ein bisschen aufs Ohr. Also gute Nacht!"

Tim ging auf sein Zimmer. Seine Mutter telefonierte in der Küche mit Florian Seitz. Dieser mochte keine Kinder, weil er Tims Mutter für sich alleine haben wollte und Tim dabei nur störte. Tim hörte, wie die Mutter sagte:

„Nein, ich habe ihm nicht gesagt, dass wir nächstes Jahr heiraten wollen. Ich habe ihm nur gesagt, dass du Bauunternehmer bist. Sonst wäre das zu viel auf einmal gewesen, denn er trauert noch um seinen Vater."

Tim hatte genug gehört. Er war stinksauer auf diesen fremden Mann, aber fühlte sich zugleich sehr einsam und von seiner Mutter im Stich gelassen. Er konnte sich nicht vorstellen, dass ein Fremder die Rolle seines Vaters einnehmen sollte. Hätte seine Mutter dann überhaupt noch Zeit für ihn? Wäre ihr nicht der neue Partner wichtiger?

Am nächsten Tag piepste nachmittags nach der Schule sein Handy, es war Robin, der fragte, wo er blieb: „Alex und ich warten schon seit Stunden."

Tim schrieb zurück: „Bin gleich da."

Er zog sich an und schlich sich aus dem Haus. Im Hausflur schnappte er sich sein Skateboard und fuhr zum Skatepark. Als er um die Ecke kam, sah er Alex und Robin. Alex rief plötzlich: „Komm, lass uns die Kinder ärgern und ..."

Bevor er den Satz beenden konnte, piepste Tims Handy zum zweiten Mal. Auf dem Display stand: „Hi, ich bin's, Sarah. Cool, endlich mal ein gescheiter Junge. Sonst sind alle so eingebildet wie Alex und Robin, die sind die gemeinsten und nervigsten Jungs der Klasse." Sie musste wohl Tims Nummer auf der Telefonliste der Klasse gefunden haben. Alex schaute neugierig über Tims Schulter und las auch die Nachricht.

Bevor Tim zurückschreiben konnte, nahm Alex ihm das Handy weg und warf es ins Gebüsch. Danach fuhren er und Robin, ohne etwas zu sagen, weg. Tim konnte es gar nicht fassen, was so schnell passiert war. Eben hätte er beinahe mit Sarah reden können und nun war sein Handy verschwunden! Es war so gemein, was Alex getan hatte. Wie konnte er sich nur so benehmen? Es war doch nicht Tims Schuld, wenn Sarah ihn mehr mochte als diesen Angeber Alex. Was sollte Sarah jetzt denken, wenn sie keine Antwort bekam? Die Kinder, die in der Nähe standen, fingen an zu lachen, als sie Tims versteinertes Gesicht sahen.

Er rannte zu dem Busch und fing an sein Handy zu suchen, aber er konnte es nicht finden. Erst als es laut piepste, fand Tim es unter einem Blätterhaufen. Es hatte drei Risse auf dem Display und vier Kratzer auf der Rückseite. Tim war traurig und gleichzeitig total wütend auf Alex und Robin. Er hätte es sich ja schon denken können, dass eine Freundschaft mit Robin nicht funktionieren würde. Tim dachte: „Die Einzige, die normal ist, ist Sarah." Tim ging mit hängendem Kopf und dem Skateboard unter dem Arm zu seinem Fahrrad.

Da rief plötzlich eine Mädchenstimme: „Tim, warte mal! Hey Tim, warte doch mal!"

Es war Sarah. Tim blickte kurz hoch und lächelte. Er drehte sich um und da stand Sarah.

„Hi", flüsterte Tim.

„Und?", fragte Sarah mit einem Lächeln.

Tim antwortete bedrückt: „Keine Ahnung, wieso Alex so ausgeflippt ist." Er erklärte ihr, was passiert war.

Darauf meinte Sarah schuldbewusst: „Bestimmt war es wegen mir, weil er mal mit mir zusammen sein wollte. Aber ich wollte nicht, denn ich mag ihn nicht besonders. Tut mir echt leid für dich. Alex ist so ein Macho!"

Tim meinte ganz cool: „Nein, kein Problem, ehrlich."

„Alles klar, ich muss gehen", antwortete Sarah, „sonst verpasse ich noch den Bus. Also bis irgendwann mal." Tim winkte lächelnd.

Zu Hause sah er plötzlich einen Porsche in der Einfahrt stehen. Er dachte sich: „Oh nein, bitte nicht dieser Typ!"

Als er ins Haus kam, rannte ihm gleich seine Mutter entgegen und sagte mit besorgter Stimme: „Wo warst du? Florian und ich haben uns solche Sorgen um dich gemacht!" Im Vorbeigehen musterte Tim den Mann. Er war groß, hatte dunkelbraune Haare, eine auffällige, schwarze Brille auf der Nase und ein helllila Jackett an. Tim dachte angewidert: „Ist das ein aufgetakelter Typ mit einem total hässlichen Anzug."

„Willst du nicht mal hallo sagen, Tim?", fragte seine Mutter etwas verärgert.

„Nein, wieso? Das muss ich erst nächstes Jahr. Und das dann jeden Morgen, leider. Ich bin in meinem Zimmer, wenn mich jemand sucht", meinte Tim mit einem genervten Blick und verschwand in seinem Zimmer. Er drehte den Schlüssel zweimal herum und klemmte sogar einen Stuhl unter die Türklinke. Gerade wollte er sich aufs Bett legen, da klopfte es auch schon an seiner Tür.

Seine Mutter redete leise und etwas traurig: „Du magst Florian anscheinend nicht besonders, aber wenn man ihn kennt, ist er echt ein netter Kerl. Und es steht noch gar nicht richtig fest, ob wir wirklich heiraten. Es ist ja erst in einem Jahr und bis dahin kennt ihr euch besser, o.k.?"

Tim antwortete mürrisch: „Nein, niemals kann ich den ausstehen. Schon wie er Kaugummi kaut, ekelig! Und jetzt lass mich alleine. Das war keine Bitte."

Als die Mutter weggegangen war, stand Tim mit einem bösen Blick auf, ging zu seinem Bücherregal und holte ein rotes Fotoalbum heraus. Auf dem ersten Bild war Tim mit seinem Vater und mit seiner Mutter in einem Freizeitpark zu sehen. Unter dem Bild stand: „Der beste Tag meines Lebens." Er blätterte weiter und sah ein Babybild von sich, als sein Vater ihn im Arm hielt. Unter diesem Bild stand: „Der glücklichste Vater der Welt." Tims Augen füllten sich mit Tränen.

Sein Handy piepste so laut, dass Tim erschrak. Er legte das Fotobuch auf die Seite und schnappte sich sein Handy. Schnell wischte er sich die Tränen weg und schaute auf das Display. Es war Robin, der sich entschuldigen wollte, aber Tim interessierte es gar nicht. Er legte das Handy neben sich auf das Bett und schaute nur stur an die Decke.

Nach einer kurzen Zeit klopfte es an seiner Zimmertür. Es war dieser Florian Seitz. Er meinte mit einer komischen Stimme: „Du kennst mich doch gar nicht. Wie willst du mich einschätzen und beurteilen! Ich sag' dir eins: Mir machst du nicht alles kaputt, damit das klar ist, verstanden!"

Dann ging er wieder in den Flur. „Wollen wir noch ein Eis essen gehen?", fragte er Tims Mutter, diesmal mit einer freundlichen Stimme.

Die Mutter meinte: „Aber dann ist Tim alleine zu Hause!"

„Er ist alt genug, er wird das schon überleben", antwortete Florian Seitz.

„O.k.", meinte die Mutter und ging in Richtung Haustür. Kurze Zeit später hörte Tim, wie der Motor des Porsche laut aufheulte. Endlich waren die beiden weg.

Tim sprang sofort auf und rannte hungrig zum Kühlschrank. Er riss ihn auf und machte ein enttäuschtes Gesicht. Denn die Gemüselasagne, die seine Mutter gekocht hatte, war überhaupt nicht nach seinem Geschmack. Plötzlich klingelte sein Handy. Er fragte: „Hallo, Tim Grau hier. Wer ist da?"

Jemand mit einer tiefen Stimme sagte: „Wir machen dich platt. Du bist so gut wie tot."

Tim ließ vor Schreck die Auflaufform fallen und fragte mit verwirrter Stimme: „Wer ist da? Hallo, hallo!"

Er steckte das Handy in seine Hosentasche und ging in sein Zimmer. Tim drehte den Schlüssel wieder zweimal herum. Er nahm sein Handy und schaute unter „A" in seinem Telefonbuch nach, aber dort stand: „Keine Treffer gefunden." Tim war sich nicht sicher, ob Alex ihn angerufen haben könnte.

„Ich gehe ihm einfach in der Schule aus dem Weg und Robin auch." Tim räumte zuerst die Scherben der Auflaufform in der Küche weg. Dann setzte er sich in seinem Zimmer auf die Couch vor den Fernseher und schaltete ihn an. Nach einer kurzen Zeit nahm er die Fernbedienung und machte ihn wieder aus. Selbst bei seiner Lieblingssendung konnte er sich nicht entspannen. Er dachte abwechselnd an Sarah und dann auch wieder an den Typen am Telefon. Schließlich nahm er allen Mut zusammen und rief die Nummer zurück. Gespannt wartete er und plötzlich nahm Alex ab, nun fragte Tim: „Alex, bist du es?" Alex antwortete: „Ja."

Tim war geschockt und legte auf. Alex merkte, dass sein Telefonstreich aufgeflogen war, und war wütend auf sich.

Tim fühlte sich schlecht. Hatte er sich wirklich schon in den ersten beiden Tagen in der neuen Klasse die beiden Jungen zu Feinden gemacht, die das Sagen hatten? Er beschloss zu versuchen, ob sich alles wieder einrenken ließe.

Am folgenden Nachmittag rannte Tim aus dem Haus zur Straßenbahnhaltestelle, stieg in die nächste Bahn und fuhr in die Mannheimer Innenstadt. Er ging in einen Handyladen und holte zwei iTunes-Gutscheine. Danach vereinbarte er mit Alex und Robin ein Treffen auf dem Spielplatz in der Nähe der Schule. Dort übergab er die Gutscheine und fragte: „Ist jetzt wieder alles o.k.?"
Robin antwortete: „Ja."
Aber Alex meinte: „Vielleicht."
Tim fragte: „Warum vielleicht?"
„Weil du nicht wirklich ein guter Kumpel bist, du magst Sarah. Wenn du den Kontakt mit ihr beendest, sind wir Freunde. O.k.?"
„O.k.", antwortete Tim.
Alex forderte ihn noch auf: „Sag Sarah, ich wäre der beste Kumpel der Welt! Verstanden?"
Am nächsten Schultag teilte Frau Meyer, die Klassenlehrerin, einen Elternbrief aus.

Liebe Eltern,
ich möchte Sie zum ersten Elternabend einladen. Diese Punkte werden wir besprechen:
1. Vorstellung der neuen Lehrer
2. Wahl der Elternvertreter
3. Klassensituation
4. Notengebung
5. Projekt „Heiße Erde": Klimaschutz in der Schule
6. Schullandheim im Schwarzwald
7. Verschiedenes
Mit freundlichen Grüßen
A. Meyer

Mitten im Unterricht warf Alex Tim ein Stück Papier an den Kopf, darauf stand: „Treffen am Wasserturm um 16 Uhr." Tim schaute ihn an und nickte. Sarah bemerkte es und wunderte sich, wieso sich Tim mit den beiden anscheinend wieder verstand. Plötzlich klingelte die Schulglocke. Alex sprang auf und rannte als Erster aus dem Klassenzimmer, bevor Frau Meyer etwas sagen konnte. Auch die anderen Schüler hatten es eilig nach Hause zu kommen.

Tim fuhr nach dem Mittagessen mit der Straßenbahn zum Wasserturm in der Mannheimer Innenstadt. Die Linie 5 fuhr von Seckenheim nach Neuostheim, dort stieg er in die Linie 6 um. Nach einer halben Stunde war er beim Wasserturm angekommen. Dieser Turm, das Wahrzeichen der Stadt Mannheim, wurde aus gelbem Sandstein gebaut und versorgte in früherer Zeit die ganze Stadt mit Trinkwasser. Die breiten Treppen, die zur Aussichtsterrasse führten, und die Bildhauerarbeiten verliehen dem Turm ein beeindruckendes Aussehen. Tim schaute zur Spitze des Wasserturms, auf der er die Figur der Meeresgöttin Amphitrite erkennen konnte.

Er entspannte sich, als er durch die schöne Jugendstilanlage des Wasserturms mit den Wasserbecken und den abwechslungsreich bepflanzten Blumenbeeten schlenderte. Das Plätschern des Wassers beruhigte ihn. Tim war sehr traurig, denn er konnte nicht so leicht den Kontakt zu Sarah abbrechen. Auf dem steinernen Balkon des Wasserturms trafen sich die Jungen, sie setzten sich auf das breite Geländer.

Alex fragte Tim: „Hast du dich entschieden, mit wem du befreundet sein willst?"

Tim antwortete: „Ich möchte mit euch befreundet sein und ich werde deshalb keinen Kontakt mehr mit Sarah haben."

Alex grinste spöttisch: „Dann bleib weg von ihr."

An den nächsten Schultagen wunderte sich Sarah sehr über Tims Benehmen. Auf einmal war sie Luft für ihn, er beachtete sie überhaupt nicht mehr und lächelte ihr auch nicht mehr zu.

Am Mittwoch der zweiten Schulwoche kam Tims Mutter vom Elternabend nach Hause und meinte: „Willst du mir was sagen?"

„N-nein", stotterte Tim.

„Die Eltern von Alex haben mir erzählt, dass du ihn mit iTunes-Gutscheinen bestechen wolltest. Aber die sind für iPhones gedacht und nicht für Samsung-Handys, wie Alex eines hat. Hier hast du sie wieder. Was war denn der Grund, dass du so etwas gemacht hast?"

Tim schaute zu Boden und sagte nichts.

„Du hast doch gesagt, du hast so schnell Freunde gefunden. Fühlst du dich nicht wohl in der neuen Klasse?"

Tim antwortete: „Ich bin müde, ich will ins Bett und schlafen."

Am nächsten Tag ging Tim zur Schule und fragte Alex in der Hofpause: „Sind wir Freunde?"

Die Klassenkameraden, die bei Alex standen, fingen an zu lachen. Dann brüllte Alex Tim an: „Willst du mich vor allen blamieren?"

„Nein", meinte Tim, „ich will nichts mehr von dir wissen, du bist kein richtiger Freund für mich, also lass mich in Ruhe."

Tim war so geschockt, dass er zur Toilette rannte und sich dort einschloss, bis die Pause zu Ende war. Dann rannte Tim aus dem Schulgebäude zur Straßenbahnhaltestelle, schaltete zu Hause sein Handy aus, legte sich aufs Bett und schlief ein. Es war ihm egal, ob sich die Mitschüler und Lehrer wunderten, warum er nicht im Unterricht war. Am Abend rief Frau Meyer seine Mutter an, die danach in Tims Zimmer platzte: „Warum bist du von der Schule abgehauen?" Tim antwortete wütend: „Weil ein Junge mich bloßgestellt hat."

Nun ignorierte Tim alle Klassenkameraden, auch Sarah. Doch obwohl die zweite Schulwoche überstanden war, freute sich Tim am Freitag überhaupt nicht auf das Wochenende. Denn der verhasste Florian Seitz sollte ihn seiner Mutter zuliebe von der Schule abholen. Es klingelte, alle waren froh, dass der Unterricht vorbei war, aber Tim beeilte sich nicht wirklich. Als er dann endlich draußen war, sah Tim kein Auto, das vor der Schule stand. Er ging zur Haltestelle und merkte dort, dass er keine Fahrkarte hatte. Plötzlich fuhr Florian Seitz mit seinem Porsche vorbei. Tim rannte ohne nachzudenken auf die Straße direkt vor das Auto, Florian konnte gerade noch bremsen.

Der Mann schimpfte laut: „Was fällt dir ein, geht's dir noch gut?"

Tim stieg ein und fragte wütend: „Wieso hast du mich nicht abgeholt von der Schule?"

„Ich hatte einen Termin mit einem Kunden. Es dauerte viel länger, als ich dachte, weil es beim Hausbau ein großes Problem gegeben hat. Deshalb konnte ich nicht rechtzeitig kommen. Zum Glück hast du mich gesehen. Aber warum rennst du vors Auto? Ich konnte gerade noch rechtzeitig anhalten."

Tim schaute Florian Seitz wütend an und dachte, was für ein Arschloch er war.

Florian schaute ihn an und dachte: „Was bist du für ein unerzogenes Kind! Aber ich heirate bald deine Mutter, dann hab' ich dich unter Kontrolle."

Sie fuhren stumm zu Tim nach Hause. Als sie zuhause angekommen waren, fragte gleich seine Mutter: „Wie geht's?"

Tim sagte: „SCHEISSE!!!" Und nach dem Mittagessen hielt er sich den größten Teil des Nachmittags in seinem Zimmer auf.

Am nächsten Tag ging Tim zur Schule. An der Straßenbahnhaltestelle wartete Florian auf ihn. Tim sah ihn schon von weitem und dachte: „Was will der von mir?"

Da sagte Florian: „Wenn du mir hilfst, dass deine Mutter mich heiratet, kriegst du ein neues Handy von mir, und zwar ein iPhone 6."

Tim sagte: „Ich will ein Handy, aber nicht von dir, weil ich mein Leben nicht mit dir verbringen will, und jetzt lass mich in Ruhe!"

Da packte Florian ihn am Arm, so fest er konnte. Es tat Tim sehr weh und er schrie: „Ahhhh, du Arschloch, lass mich los!"

Tim konnte sich losreißen und rannte weg. Florian rief ihm nach: „Mir macht so ein kleiner, dummer Junge wie du nicht alles kaputt, damit das klar ist!"

Im Klassenzimmer fühlte sich Tim sehr schlecht: Er hatte in den letzten Tagen Ärger mit Alex und Robin gehabt und nun gab es auch noch Stress mit Florian Seitz. Auf dem Flur lief er zufällig an Sarah vorbei und lächelte sie an. Er freute sich sehr, dass Sarah verwundert zurücklächelte. Leider sah es Alex und warf ihm einen bitterbösen Blick zu. Kurz darauf legte Alex seinen Arm um sie, doch Sarah versuchte sich loszumachen. Dann begann auch schon der Unterricht.

Alex und seine Freunde warfen Tim mit Papierkugeln ab und er versuchte es zu ignorieren. Nach ein paar Minuten kam der Mathelehrer herein und eine Kugel traf ihn mitten ins Gesicht. Die halbe Klasse fing laut an zu lachen außer dem Lehrer. Er schaute wütend um sich und schimpfte laut. Nach einer Weile beruhigte sich die Klasse wieder.

Es klingelte zur großen Pause. Die Schüler liefen alle in unterschiedlichem Tempo nach unten auf den Schulhof, die einen rannten zu den Tischtennisplatten, die anderen setzten sich auf eine Bank. Tim stand alleine in der Nähe der Cafeteria, er fühlte sich einsam. Endlich war die Schule zu Ende, die Schüler packten ihre Bücher und die anderen Materialien ein und verließen das Gebäude.

Tim fuhr in der vollen Bahn nach Hause und sah in der Menge Sarah. Er ging auf sie zu und sie verabredeten sich. Nun rannte er fröhlich nach Hause und machte blitzschnell seine Hausaufgaben. Dann nahm er das Handy, suchte die Nummer von Sarah, tippte sie ein und drückte auf den grünen Hörer. Sarah meldete sich erfreut. Sie machte mit Tim eine Uhrzeit aus und beide trafen sich am Wasserturm. Sie begrüßten sich und hatten sich viel zu erzählen über ihre Erlebnisse in den Ferien und in den ersten beiden Schulwochen.

Da sah Tim plötzlich Florian, den Freund von seiner Mutter. Er saß in seinem Porsche, der am Straßenrand geparkt war. Auf dem Beifahrersitz saß eine Frau, die er gerade küsste. Tim holte schnell sein Handy aus der Hosentasche, schaltete die Kamera ein und knipste mehrere Fotos. Er war glücklich, weil seine Mutter sich endlich von Florian Seitz trennen würde. Aber er war auch wütend auf diesen Mann: „Wie kann er meine Mutter nur so betrügen! Das hat sie nicht verdient, so einen Freund zu haben! Papa hätte das nie gemacht." Florian startete bald darauf seinen Wagen und fuhr schnell weg.

Es war alles so schön, bis plötzlich Robin auftauchte. Tim flüsterte Sarah zu: „Oh nein, da kommt Alex." Sarah verdrehte den Kopf und dachte das Gleiche wie Tim. Alex näherte sich den beiden und schaute sie an, er kam mit einem Grinsen zu ihnen und einem eifersüchtigen Blick. Tim schnaufte leise und Sarah tat so, als würde sie ihn nicht kennen. Erst als Alex die beiden ansprach, blickten sie ihn an. Er meinte: „Oh, schön euch zu sehen", und ging gleich wieder. Die zwei waren verwundert, wie Alex sich benahm. Sarah warf einen Blick auf die Uhrzeit auf dem Handydisplay und sagte: „Ich muss leider gehen!" Tim antwortete: „Ich auch, bis Montag in der Schule."

Als Tim nach Hause kam, weinte seine Mutter.

Er fragte sie liebevoll: „Wieso weinst du?"

Sie antwortete darauf mit erstickter Stimme: „Florian hat eine andere, er hat Schluss gemacht."

Tim schnaufte wieder einmal und sagte: „Vergiss ihn doch einfach!"

Die Mutter erwiderte: „Das kann ich aber nicht, ich liebe ihn. Ich mache jetzt das Essen, hast du Hunger?"

„Ja", antwortete Tim. Er fühlte sich gestresst.

Nach dem Essen kam auf dem Handy seiner Mutter eine SMS, es war Florian. Frau Grau las: „Ich habe einen Fehler gemacht, denn ich habe mit der schönsten Frau Schluss gemacht. Kannst du mir verzeihen?" Seine Mutter war so blind vor Liebe, dass sie einfach ja sagte.

Tim hatte davon nichts mitbekommen. Seine Mutter verschwieg es ihm. Am späten Abend saßen die beiden vor dem Fernseher, plötzlich piepste das Handy der Mutter und sie ging schnell dran. Es war Florian, der ihr die nächste Liebeserklärung machte. Seine Mutter hatte ein Lächeln im Gesicht, sie schrieb zurück. Davon bekam Tim aber auch nichts mit, denn er schaute gespannt die TV-Sendung an. Er wunderte sich nur, warum seine Mutter so oft das Handy benutzte. Das war sonst nicht ihre Gewohnheit.

Da fiel der Mutter ein, dass sie an diesem Tag noch nicht den Briefkasten geleert hatte. Sie lief schnell zur Haustür. In dieser

Zeit schaute Tim auf ihr Handy, er staunte und war sehr traurig, dass seine Mutter so blind vor Liebe war. Er wollte nicht mehr daran denken, dass sie wieder mit Florian Seitz zusammen war. Seine Mutter setzte sich auf das Sofa und nach ein paar Minuten ging Tim in sein Zimmer. Er schrieb noch ein bisschen mit Sarah, weil er sich am Wochenende mit ihr treffen wollte, und schlief dann ein.

Am nächsten Morgen war Samstag .Tim wachte spät auf und wollte in die Küche gehen. Er war noch müde und bekam riesengroße Augen, als er seine Mutter mit Florian am Esstisch sitzen sah. Tim sagte einfach erst mal nichts. Seine Mutter und Florian begrüßten ihn gleichzeitig und Tim antwortete verschlafen und genervt: „Guten Morgen."

Er setzte sich hin, schmierte sich ein Butterbrot und aß es schnell auf. Es war sehr still, nur der Fernseher lief leise im Hintergrund. Als Tim fertig war, erkundigte er sich: „Übernachtet Florian heute hier? Wenn er das macht, bin ich bei einem Freund. O.k.?" Florian Seitz und Frau Grau schauten ihn ein wenig entsetzt an und aßen weiter.

Tim brachte seinen Teller weg, ging auf sein Zimmer, schloss die Tür ab, nahm sein Handy und wartete auf eine Nachricht von Sarah. Aber da war nichts, keine Nachricht, keine einzige. Tim las nur eine Werbung von Vodafone: „Sie bekommen 5 Euro geschenkt."

Er klickte die Nachricht weg und legte sein Handy auf die Seite. Dann verschränkte er seine Arme hinter dem Kopf und dachte eine ganze Weile nach: „Das meint der Typ doch nicht ernst. Soll ich meiner Mutter die Fotos zeigen, die ich beim Wasserturm gemacht habe? Oder lieber nicht!?"

Tim entschied sich nichts zu sagen, um seine Mutter nicht noch mehr zu verletzen. Er stand auf und lauschte an der Küchentür, so dass er hören konnte, wie Florian und seine Mutter lachten und erzählten. Tim verdrehte die Augen, verschwand wieder in seinem Zimmer und schloss die Tür ab.

Auf den Montagmorgen freute er sich, denn dann musste doch eigentlich auch Florian zur Arbeit gehen. Inzwischen verabschiedete sich Florian von seiner Freundin und rief in Richtung von Tims Zimmer: „Tschüss, Tim, bis morgen. Da sehen wir uns nämlich noch einmal." Die Haustür schlug zu. Da streckte auch Tim seinen Kopf aus dem Zimmer. Man hörte den lauten Porschemotor aufheulen und kurze Zeit später ein knackendes Geräusch. Nach ungefähr einer Minute klingelte es an der Haustür.

Es war wieder Florian, er hatte ein schuldbewusstes Gesicht, seine Hände versteckte er hinter dem Rücken. Er meinte: „Es tut mir wirklich leid, aber dein Skateboard lag einfach im Weg! Ich habe es nicht gesehen! Sorry."

Tim starrte ihn mit großen Augen an und sagte erst mal gar nichts. Seine Mutter erwiderte: „Das ist nicht schlimm, das kann jedem passieren."

Tim dachte sich nur: „Noch ein Grund mehr diesen Typ nicht zu mögen!" Er ließ die beiden einfach stehen und ging wieder in sein Zimmer. Florian und Tims Mutter schauten ihm nach. Tim äffte Florian in einem wütenden Ton nach: „Sorry, es lag im Weg, ich habe es nicht gesehen."

Als er das vor sich hinmurmelte, hörte er im Hintergrund die Haustür zuknallen. Tim schloss die Tür auf und spähte in den Flur. Seine Mutter und Florian waren nicht mehr da, auf dem Boden lag Tims Skateboard. Es waren eher zwei Skateboards, denn der Riss ging direkt durch die Mitte. Tim war gleichzeitig wütend und sehr traurig. Seine Augen füllten sich mit Tränen, aber Tim wischte sie weg.

Seine Mutter war inzwischen wieder da, sie versuchte ihn zu trösten, aber Tim ignorierte sie. Er ließ das Skateboard schlagartig fallen und ging in einem schnellen Tempo aus der Wohnung. Seine Mutter erschrak, hörte nur noch die Haustür zuknallen und laute Schritte, die dann immer leiser wurden. Sie ließ den Kopf langsam sinken und ging zurück in die Küche das Essen weiter vorzubereiten.

„Vielleicht sollten wir Tim ein neues Skateboard kaufen", dachte sie. Sie rief Florian an und fragte ihn, ob er Tim ein neues Board besorgen könnte. Dabei fühlte sie sich nicht so gut, weil sie Tim nicht gleich Recht gegeben hatte. Tims Mutter dachte: „Hoffentlich nimmt Tim die Entschuldigung von Florian und mir an!"

Tim war stinksauer. Er rief Sarah an. Sarah wollte einkaufen gehen und Tim etwas in dem neuen Mannheimer Sporthaus besorgen. Sie vereinbarten ein kurzes Treffen am Paradeplatz. Als Tim Sarah kommen sah, hob er den Kopf und ein kleines Lächeln war auf seinem Gesicht zu sehen. Sarah dagegen wirkte nicht so fröhlich. Tim merkte, wie sie ihr Handy rausholte, eine Nachricht durchlas und dann wegklickte. Als sie Tim erblickte, steckte sie schnell das Handy in ihre Jackentasche und lächelte ihn an. Sie meinte: „Heute mal nicht mit dem Skateboard unterwegs? Oder ist es kaputt?"

Sie sagte es aus Spaß.

Tim antwortete: „Ja, es ist richtig kaputt."

„Wie ist es passiert?", fragte sie ihn.

„Florian ist schuld! Er ist mitten draufgefahren mit seinem Scheiß Porsche und jetzt sind es zwei Stücke", antwortete Tim mit heiserer Stimme. „Aber egal, wieso hast du dein Handy weggesteckt, als ich kam?"

Sie antwortete: „Es war Alex, er wollte sich mit mir verabreden. Ich habe halt abgesagt und das fand er dumm. Er nervt mich jetzt, obwohl er genau weiß, dass ich mit Tessa shoppen gehen möchte. Wir wollten uns eigentlich hier treffen. Ah, da kommt sie ja!"

Sie zeigte in Richtung Breite Straße und fing an zu winken. Tessa war ein Mädchen mit blauen Augen, braunen, gelockten Haaren und einer auffälligen gelbgrünen Mütze. Sie war ungefähr so groß wie Sarah, war schlank und trug eine grellgelbe Tasche, die nicht wirklich zu ihr passte. Beide Mädchen umarmten sich, als hätten sie sich jahrelang nicht gesehen. Tessa sagte kurz hallo und fing an in ihrer Tasche nach einem Labello zu suchen.

Sarah verabschiedete sich kurz von Tim und bummelte dann mit Tessa durch die Planken, die Mannheimer Fußgängerzone mit vielen Geschäften. Tim schaute ihnen hinterher und ließ den Kopf hängen, bis ihm jemand plötzlich auf den Rücken schlug und meinte: „Hallo, Tim, was gammelst du hier so alleine rum?"

Es war Alex mit Robin und Jonas, einem weiteren Klassenkameraden. Die drei liefen Tim hinterher, als er sich auf den Weg zum Sporthaus machte. Tim ignorierte die dummen Kommentare wie zum Beispiel: „Tim ist ein Gammler. Vor uns läuft ein Idiot."

Tim ging zielsicher auf das Sporthaus zu und war bald darin verschwunden. Alex und die anderen verdrehten die Augen. Alex meinte: „Mit diesem Jungen stimmt was nicht." Er drehte sich um zu seinen Klassenkameraden und sah sie fragend an. Aber keiner von beiden antwortete. Deshalb war er genervt und trottete weiter.

Kapitel 2

Das Wetter hatte sich mittlerweile geändert, denn statt der sonnigen Herbsttage war es nun ziemlich kühl und unfreundlich geworden. An einem regnerischen Freitag ging Sarah in die Schule. Alle trafen sich im Schulhof außer Tim, keiner mochte ihn. Alex hatte die ganze Klasse gegen Tim aufgehetzt, als er gemerkt hatte, dass Sarah sich mehr für Tim interessierte als für ihn. Da Alex in der Klasse das Sagen hatte, wollten die meisten keinen Kontakt mit Tim haben. Auch Robin unterstützte seinen Freund und zeigte Tim die kalte Schulter.

Nachdem es geklingelt hatte, ging jeder ins Klassenzimmer. Dann kam auch schon Frau Meyer und teilte einen Elternbrief mit den letzten Informationen zum Schullandheim im Schwarzwald aus. Sie teilte der Klasse mit: „Wir fahren nächste Woche am Montagmorgen um acht Uhr weg und müssen jetzt nur noch die Zimmereinteilung erledigen. Ihr solltet euch in den nächsten Tagen einigen, wer mit wem das Zimmer teilt."

Zu Beginn der Hofpause rannten alle aus dem Zimmer außer Tim. Die Lehrerin fragte Tim leise: „Was ist denn los, wieso gehst du nicht in die Pause?"

Tim antwortete traurig: „Ich stehe ja nur rum, keiner unterhält sich mit mir!"

„Du musst trotzdem rausgehen, da kann ich nichts machen!", forderte ihn Frau Meyer auf.

Nun ging Tim in die Pause, er lief alleine über den Schulhof, bis es klingelte. Sarah stand bei ihren Freundinnen, die Mädchen unterhielten sich und lachten dabei. Nach der Pause hatte die Klasse Deutsch, Englisch und zwei Stunden Sport. Tim konnte nicht gut Fußball spielen und wurde deswegen ausgelacht. In seinen Gedanken war er immer wieder bei der Klassenfahrt: Wie würde es ihm im Schwarzwald ergehen? Würden ihn die anderen dort auch ausschließen? Was sollte er dann tun? Oder sollte er besser überhaupt nicht mitfahren?

Die nächsten Tage vergingen wie im Flug. Am Sonntagabend packte Alex seinen Koffer und verstaute auch Alkohol darin, nämlich drei Flaschen Bier und zwei Flaschen Wodka. Da seine Eltern sich nicht dafür interessierten, was er einpackte, fiel das niemandem auf. Sie fragten auch sonst kaum nach, was Alex mit seinen Freunden unternahm. Leonie versteckte mehrere Flaschen Sekt in ihrem Koffer. Da sie im Schullandheim Geburtstag feierte, wollte sie eine kleine Party mit Alkohol veranstalten.

Am Montagmorgen standen alle vor der Schule und warteten auf den Bus, der sie in den Schwarzwald bringen sollte. Herr Ding, der Mathelehrer, fuhr auch mit. Der Busfahrer lud das ganze Gepäck ein und dann fuhren sie los. Die Jugendlichen redeten, machten Quatsch, hörten Musik und spielten mit ihren Handys. Nur Tim saß allein in einer Sitzreihe und schaute gelangweilt aus dem Fenster. Er war in einer traurigen Stimmung.

Nach zweieinhalb Stunden Busfahrt kam die Klasse beim Schindlerhaus in Sasbachwalden an. Zum Glück war das Wetter besser geworden, es schien sogar die Sonne. Das Schindlerhaus war ein großes, altes Holzhaus am Waldrand mit einem ausgedehnten Spielgelände. In den zwölf Zimmern war für alle Schüler der Klasse genügend Platz vorhanden. Die Räume waren sehr sauber und ordentlich, es gab Zimmer mit zwei, vier oder sechs Betten aus Holz, einem Tisch mit Stühlen sowie einem Schrank. Die blau-weiß-karierte Bettwäsche passte gut zu den Holzmöbeln. Zum Essen und Spielen war ein großer Tagesraum vorhanden, aus den Fenstern hatte man einen wunderschönen Blick ins Tal. Die Küche besaß eine Edelstahleinrichtung, man konnte einen Wärmeschrank und viele Küchengeräte benutzen.

Doch beim Beziehen der Zimmer gab es schon das erste Problem: Auf einmal wollte niemand von den Jungen zusammen mit Tim im Zimmer schlafen. Eigentlich war die Zimmerverteilung geklärt gewesen, doch Jonas wollte plötzlich kein Zweibettzimmer mit Tim mehr teilen. Er hatte Angst, Alex könnte ihn sonst ärgern. Nach langem Zureden von Herrn Ding erklärten sich schließlich Benny und Can bereit, Tims Zimmerpartner zu sein. Diese beiden Jungen hatten den Mut, ihre eigene Meinung zu vertreten. Alex' Angeberei ging ihnen manchmal ganz schön auf die Nerven. Aber sie wollten keine Freundschaft mit Tim und wären lieber nur zu zweit im Zimmer gewesen.

Alle packten die Koffer aus und bezogen die Betten. Bis um 18 Uhr konnte sich jeder rings um das Haus aufhalten, auf dem Sportplatz Fußball spielen oder die Tischtennisplatten benützen. Manche setzten sich auch auf die Holzbänke, die auf der Terrasse standen, und unterhielten sich. Da das Schindlerhaus ein Selbstversorgerhaus war, musste Frau Meyer zusammen mit vier dafür eingeteilten Jugendlichen das Abendessen kochen.

Das war eine günstige Gelegenheit: Die Jungen klopften an jede Mädchentür, weil sie abends eine Party machen wollten. Heimlich versteckten die Jugendlichen die Flaschen in den Schränken, aber Frau Meyer kam plötzlich in die Schlafräume. Sie rief: „Ich habe die alkoholischen Getränke genau gesehen, her damit! Wer hat den Alkohol mitgebracht?"

Tim flüsterte leise etwas vor sich hin.

„Du weißt Bescheid, Tim. Wer war es?", wollte Frau Meyer wissen.

Tim antwortete der Lehrerin: „Alex und Leonie haben die Flaschen mitgebracht!"

„Und wie hast du es mitbekommen?", fragte Frau Meyer.

„Ich habe sie gesehen", erwiderte Tim.

Die Klassenlehrerin ordnete an: „Ihr schreibt mir einen Aufsatz von einer ganzen DIN-A4-Seite, warum man ins Schullandheim keinen Alkohol mitbringen darf."

Sie verließ verärgert das Zimmer.

Alex schrie: „Danke, du Petze!"

Alle gingen wütend auf Tim los. Tim rannte so schnell er konnte aus dem Haus. Frau Meyer merkte an dem Geschrei, dass etwas nicht stimmte. Sie kam wieder aus der Küche heraus und brüllte: „Alle auf ihre Zimmer!"

Nach einer halben Stunde gab es Abendessen. Tim aß seinen Teller leer. Alex aber spuckte das Essen aus und schrie: „Wää, voll ekelhaft. Was ist das denn?" Er wurde von seinen Eltern sehr verwöhnt.

Alle lachten, nur Tim nicht, und Sarah sagte: „Könnt ihr mal aufhören zu lachen?" Aber die anderen lachten weiter.

Tim meinte leise: „Ich finde das Essen sehr lecker." Alle buhten ihn aus. Der Junge schaute traurig auf den Boden.

Als die Klasse fertig mit Essen war, rannten die Schüler in den großen Gemeinschaftsraum und spielten Spiele. Sie hatten dabei viel Spaß. Die Jungen aus Tims Zimmer rannten in den Schlafraum und schlossen ab. Tim saß eine ganze halbe Stunde vor der Zimmertür, aber keiner machte auf.

Da kam zufällig Sarah den Gang entlang, weil sie auf die Toilette musste. Als sie Tim traurig vor der verschlossenen Tür sitzen sah, bekam sie Mitleid mit ihm und flüsterte: „Komm, wir gehen zu Frau Meyer!" Tim erzählte alles seiner Lehrerin, sie ging mit den beiden an Tims Zimmer und klopfte. Erst nach mehreren Aufforderungen öffneten Benny und Can. Frau Meyer war stinksauer: „Wenn ihr so etwas noch einmal macht, können euch eure Eltern abholen! Solch ein Benehmen dulde ich nicht! Hier wird niemand ausgeschlossen."

Mit mürrischem Gesicht ließen die zwei Jungen Tim ins Zimmer. So konnte er doch noch in seinem Bett schlafen.

Am nächsten Morgen ging es direkt nach dem Frühstück mit dem Bus nach Gutach zum Vogtsbauernhof. In diesem Freilichtmuseum besichtigte die Klasse viele alte Schwarzwaldhäuser, eine Säge und ein Backhäuschen. Pferde, Hunde, Katzen, Hühner, Kühe und Schweine konnte man sich anschauen und füttern. Der Hund, den man dort sah, war ein Berner Sennenhund mit Namen Ben. Er war ein großer, kräftiger und liebenswürdiger Hund. Einige hatten Angst, da er so groß war. Die Jungen fanden die Schweine mit den kleinen Ferkeln lustig. Sie gaben ihnen Brot und Äpfel, die sie am Morgen vom Frühstücksbuffet mitgenommen hatten. Sarah und ihre Freundinnen gingen zu den Katzen, da die Babys so niedlich waren, sie waren erst wenige Tage alt.

Tim saß auf einem Stein und wollte alleine sein, aber dann kam Sarah und setzte sich neben ihn. Obwohl die anderen Tim nicht leiden konnten, fand sie ihn sehr nett. Ihr gefiel, dass Tim zuhören konnte und kein Angeber war wie viele andere Jungen in der Klasse. Außerdem sah Tim gut aus, er war schlank, etwas größer als sie und nicht so klein und stämmig wie Alex. Tim verhielt sich rücksichtsvoll, er versuchte Sarah nicht unter Druck zu setzen, was Alex immer wieder probierte.

Alle Jugendlichen waren auf dem Museumsgelände unterwegs außer Leonie, sie beobachtete beide aus weiter Entfernung. Da es ziemlich kühl war, fing Sarah bei der Unterhaltung an zu frieren. Tim legte seinen Arm um sie und zog sie an sich. Sarah musste lachen: „Danke, jetzt ist es mir viel wärmer!" Da traute sich Tim und gab ihr vorsichtig einen Kuss. Leonie sah alles und wollte es weitersagen, dazu kam es aber nicht, da Frau Meyer rief: „Wir müssen langsam zum Ausgang gehen!"

Nun fuhr die Klasse wieder mit dem Bus in Richtung Jugendherberge. Alex wollte mit Tim Streit anfangen. Weil Sarah im Bus neben Tim sitzen wollte, warf Alex den Rucksack von Tim aus Zorn und Wut durch den Bus. Dabei gingen die Frühstücksbox sowie seine Trinkflasche auf und das Getränk ergoss sich über den Fußboden des Fahrzeugs. Herr Ding beobachtete alles und wurde wütend. Er bestimmte, dass Alex zur Strafe nach dem Abendessen das Geschirr allein abspülen musste. Außerdem hatte er den Bus zu säubern.

Als die Klasse endlich bei der Jugendherberge angekommen war, hatten die Jugendlichen noch etwas Zeit bis zum Abendessen. Es wurden Brettspiele gespielt, auch die beiden Tischtennisplatten waren belegt. Nur Tim machte nicht mit, er saß in seinem Zimmer und las ein spannendes Buch. Er merkte nicht, dass Sarah in sein Zimmer kam. Sie fragte Tim: „Was war das vorhin mit dem Kuss?"

Tim rannte so schnell er konnte raus. Sarah rannte ihm hinterher, um Klarheit zu bekommen. Sie konnte ihn einholen und stellte ihn zur Rede, wieso er sie geküsst hatte. Tim antwortete

Sarah stotternd: „IIIIIIIIIIIIIIch hhhhhhabe mmmich iiiiin ddddich verliebt!"

Sarah freute sich, da sie sich auch in ihn verliebt hatte: „Ich liebe dich, seitdem du in die Klasse gekommen bist. Du bist nicht so fies wie viele andere und machst nicht ständig irgendeinen Quatsch. Ich finde es auch nicht schön, dass alle anderen Jungs immer auf dir rumhacken, nur weil du das Schuljahr wiederholst. Zum Glück bist du jetzt bei uns in der Klasse, sonst hätte ich dich nie kennen gelernt."

Sarah gab Tim einen Kuss auf seine Wange und ging wieder ins Haus zurück. Tim wusste nun genau, dass Sarah etwas für ihn empfand und ihm seine Ablehnung nach dem Gespräch mit Alex nicht übel nahm. Er ging mit einem strahlenden Lächeln in sein Zimmer zurück, auf dem Weg dorthin fragten die anderen Jungen, wieso er so lächelte. Tim antwortete vergnügt: „Müsst ihr das wissen? Mir geht es monstermäßig toll!" Nun ging er in sein Zimmer und las in seinem spannenden Buch weiter.

Sogar beim Abendessen gab Alex keine Ruhe. Alex nahm den Salzstreuer und schüttete Salz auf die Nudeln von Tim. Dieser nahm den Teller und warf ihn nach Alex, doch der bückte sich. In diesem Augenblick kam Frau Meyer in den Speisesaal und der Teller streifte ihren Kopf. Außer sich vor Wut schrie sie Alex und Tim an, beide mussten an einem Einzeltisch ihr Abendessen alleine und schweigend einnehmen. Frau Meyer sagte: „Die Strafe für euch werde ich mir noch überlegen, jetzt gehe ich mich erst mal umziehen, denn die Nudeln in meinen Haaren sind ziemlich klebrig."

Alex sah Tim giftig an und schwor Rache. Er befürchtete, dass Frau Meyer in der nächsten Woche zum Schulleiter gehen würde, damit er einen Schulverweis bekommen würde.

Spät am Abend fragte Sarah Tim: „Wollen wir zusammen sein?"

Tim staunte und antwortete glücklich: „Ja, natürlich möchte ich mit dir zusammen sein." Sie umarmten sich und lachten.

Als ihre Klassenkameraden schliefen, schlichen die beiden heimlich aus ihren Zimmern und trafen sich. Sie trippelten auf

Zehenspitzen hinters Haus und gingen spazieren. Als sie sich Witze erzählten, lachte Tim so laut, dass Frau Meyer aufwachte und die Zimmer durchsuchte, ob alle Schüler im Bett waren. Dabei bemerkte die Klassenlehrerin, dass Tim und Sarah weg waren, sie machte sich auf die Suche nach den beiden. Nach einiger Zeit fand Frau Meyer die beiden hinterm Haus. „Da steckt ihr also", rief die Lehrerin, „ab ins Zimmer! Morgen habt ihr zur Strafe Küchendienst!"

Am nächsten Tag ging die ganze Klasse in den Kletterpark Mehliskopf. Alle freuten sich darauf, auch Tim, der das eigentlich nicht mochte. „Ich glaube, dass er es nur macht, weil es Sarah gefällt", flüsterte Alex leise seinen Kumpels zu. Denn jeder in der Klasse wusste, dass Tim nicht gerade sportlich war. Dann kamen auch schon Frau Meyer, Herr Ding und der Trainer vom Kletterpark. Die Jugendlichen erhielten einen Helm und einen Klettergurt. Als alle ihre Ausrüstung angelegt hatten, bekamen sie erst noch die Regeln erklärt und Informationen zu jeder Station. Sie hatten drei Stunden Zeit und konnten sich austoben, die meisten hatten Spaß.

Sarah und Tim kletterten gemeinsam. Zusammen mit ihr hatte Tim auch keine Angst, denn Sarah machte ihm immer wieder Mut. Ihr gefiel es, dass Tim sie wegen ihrer Sportlichkeit bewunderte. Auch die anderen Schüler hatten viel Spaß beim Klettern, sie durften Parcours eins bis fünf benutzen. Die Jugendlichen hielten sich an Tauen fest, balancierten auf Balken, kletterten an Netzen empor, sprangen von Plattformen und trauten sich, Seilbahnen zu benutzen.

Zum Abschluss fuhr die Klasse mit der Sommerrodelbahn. Tessa beichtete Frau Meyer, dass sie Angst hatte hinunterzufahren. Die nette Frau Meyer schlug vor: „Ist nicht schlimm, du fährst mit Tim." Sarah war eifersüchtig, weil Tessa mit Tim fuhr, und sie fuhr deswegen mit Alex. Als alle wieder unten angekommen waren, sagte Frau Meyer: „Wir fahren jetzt zurück ins Schindlerhaus."

Beim Abendessen holte sich Tim einen zweiten Teller von der leckeren Suppe. Als Tim an seinen Platz gehen wollte, stellte

Alex ihm ein Bein und Tim stürzte zu Boden. Er verschüttete die Suppe. „Das hast du doch absichtlich gemacht, die Suppe war heiß!", schrie Tim. Er und Alex mussten auf Anordnung von Frau Meyer den Fußboden wischen.

Nach dem Abendessen wurde im großen Tagungsraum eine Disco veranstaltet. Zuerst dekorierte die Klasse den Raum mit Luftballons und Lichterketten. Dann holten die Jugendlichen Süßigkeiten, Knabbersachen und Getränke aus dem Vorratsraum herbei. Als es dunkel geworden war, erzeugten die bunten Lichterketten in dem großen Tagesraum eine tolle Wirkung. Alle hatten Spaß beim Tanzen, auch Herr Ding und Frau Meyer machten mit. Tim und Sarah tanzten zusammen. Beim Karaoke-Wettbewerb sangen sie ein Liebeslied, das hieß „We've Got Tonight", danach klatschten alle. Alex sang mit Leonie „Tage wie diese", die beiden mochten das Lied sehr. Nach drei Stunden Disco mussten alle in ihre Zimmer gehen, denn es war spät geworden.

Alex stellte sich vor Sarahs Zimmertür und wartete auf sie, als sie kam, sagte er: „Tim ist nicht der Richtige für dich, du brauchst mich!"

Sarah erwiderte: „Ich liebe Tim. Und jetzt lass mich in Ruhe!" Sie knallte die Tür zu. Alex ging traurig weg.

Tessa fragte: „Sarah, wer war das an der Tür?"

Sarah antwortete: „Es war Alex, er hat gesagt, Tim ist nicht der Richtige für mich, ich soll mit ihm befreundet sein."

„Aber du liebst doch Tim oder nicht, Sarah?"

„Ja, natürlich liebe ich Tim, dabei bleibt es auch."

„Gut", meinte Tessa.

Beim Ausflug an den Mummelsee war besonders schönes Wetter. Die Herbstsonne war so warm, dass jeder seine Jacke auszog. Es machte viel Spaß, auf dem in der Sonne glitzernden See Tretboot zu fahren. Auch dieses Mal gab es jede Menge neidische Bemerkungen von Alex und seinen Freunden, als Sarah und Tim mit dem Boot ihre Runden auf dem See drehten. Sie waren an diesem Tag nicht das einzige Liebespaar auf dem See.

Danach wurden von allen Esskastanien gesammelt. In der Jugendherberge angekommen, wurden die Kastanien von einigen Schülern zum Verzehr vorbereitet. Sie waren vorzüglich, so gute hatten die Jugendlichen noch nie gegessen. Nachdem der Abwasch von allen erledigt worden war, ging es hinaus auf die große Wiese, die Jungen spielten Fußball und die Mädchen schauten gespannt zu, wer von den beiden Mannschaften gewinnen würde. Die Mädchen feuerten die Jungen lautstark an. Das Team von Tim gewann gegen Alex' Mannschaft knapp 2:1. Alex war zornig über die Niederlage seiner Mannschaft und überlegte, wie er Tim eins auswischen konnte.

Er kam auf eine unmögliche Idee, denn er wollte Tims Unterwäsche auf dem Gang ausbreiten. Alex tat das, alle Mädchen sahen es, auch Sarah. Tim war es schrecklich peinlich. Er wollte noch nicht einmal zum Abendessen gehen, da Alex ihn sehr gedemütigt hatte. Die Lehrerin schaute nach Tim, er saß immer noch völlig gekränkt auf seinem Bett. Sie versuchte ihn zum Essen zu überreden.

Tim beschwerte sich: „Mir ist der Appetit vergangen, Alex ist mit dem Verteilen meiner Unterwäsche auf dem Gang zu weit gegangen. Er hat mich vor der ganzen Klasse gedemütigt und bloßgestellt."

Die Lehrerin antwortete Tim: „Du musst aber etwas essen, mit leerem Bauch kann man nicht richtig schlafen. Der Rest der Klasse wartet im Speisesaal auf dich, bitte komm mit. Ich werde Alex nach dem Essen eine Strafe verpassen und mit den anderen reden."

Tim ging mit gesenktem Kopf hinter seiner Klassenlehrerin her.

Nachdem auch Tim endlich sein Abendbrot gegessen hatte, redete Frau Meyer ein ernstes Wort mit ihren Schülern. Dann gab sie eine Überraschung bekannt: Eine Nachtwanderung war geplant! Die ganze Klasse war total aus dem Häuschen. Jeder musste wetterfeste Kleidung anziehen, nur Sarah hatte keine dicke Jacke eingepackt, deshalb konnte sie nur ihre schwarze, nicht wirklich warme Jacke anziehen. Frau Meyer gab jedem eine Fackel in die Hand, damit es nicht allzu dunkel bei dieser Nachtwanderung war. Aber Sarah fror und Tim versuchte so gut er konnte sie zu wärmen. Er nahm Sarah an der Hand und folgte den anderen.

Sie wussten nicht, dass Frau Meyer die Nachtwanderung etwas gruseliger gestalten wollte. Sie hatte Herrn Ding gebeten die Schüler ein bisschen zu erschrecken. Im Mondlicht sah der Wald ziemlich bedrohlich aus. Die Mädchen zitterten vor Angst und selbst Alex fürchtete sich. Plötzlich kam eine unheimliche Gestalt hinter den Bäumen hervor, doch Frau Meyer fing laut zu lachen an.

Beim Schindlerhaus machte Herr Ding zusammen mit einigen Schülern ein großes Lagerfeuer, an dem sich alle wärmen konnten. Frau Meyer schickte die Klasse gegen 21:30 Uhr in die Schlafräume, denn die Jugendlichen mussten noch ihre Koffer für die Heimreise am nächsten Morgen packen.

Beim Frühstück schmierte sich jeder ein oder mehrere Brote für die Fahrt. Tessa und alle anderen Mädchen waren traurig, dass sie nachhause gehen mussten. Leonie hatte sogar Tränen in den Augen. Alex nutzte die Gelegenheit für eine letzte Gemeinheit und schlich sich schnell an Tims Koffer. Er machte ihn auf und goss das Pflanzenöl, das er vorher aus der Küche gestohlen hatte, in den Koffer. Alex machte den Koffer wieder richtig zu und ging, als ob nichts gewesen wäre, zu den anderen. Dann fuhr der Bus ab.

Es war ziemlich ruhig, denn alle waren müde. Auf der Heimfahrt wollte die Klasse noch eine kleine Shopping-Tour in Achern unternehmen. Alex war als Einziger nicht traurig, dass sie nach Hause fuhren, er stellte sich Tims Gesicht vor, wenn er den Koffer öffnete. Tim sah Sarah verliebt an und Sarah starrte Tim verliebt an. Als Alex das sah, zog er die Mundwinkel nach unten. Jonas versuchte Alex aufzuheitern: „Denk an Tims Koffer!"

Alex zog die Mundwinkel wieder nach oben, beide lachten laut auf und die Lehrerin ermahnte: „Alex und Jonas, seid bitte leiser, denn ihr seid nicht die Einzigen, die hier in diesem Bus sitzen."

Nachdem die Lehrerin wieder vorne beim Busfahrer angekommen war, äffte Alex Frau Meyer nach. Als er sah, dass Tim Sarah küsste, hätte er ihm am liebsten seine Faust ins Gesicht gehauen. Tim lachte, als er Alex' Gesicht sah.

In Achern sagte die Lehrerin: „Ihr dürft zu zweit oder in Gruppen umherlaufen und in zwei Stunden müsst ihr alle wieder am Bus sein." Die Klasse hatte nach dem Stadtbummel viele Tüten in den Händen.

Tim fragte Sarah: „Und was hast du dir denn Schönes gekauft?"

Sie antwortete: „Schminke, eine Kette und drei Tops: ein neongrünes, ein gelbes und ein neonpinkfarbenes."

Tim war neugierig: „Dann zeig mal her!" Sarah nahm die Tops aus der Tüte und lachte zufrieden.

Verunsichert sagte Tim: „Sarah, sei bitte nicht sauer, aber die Tops passen gar nicht zu deiner hellen Haut."

„Bist du etwa die Modepolizei?", rief Sarah.

Tim erwiderte verwundert: „Tut mir leid, Sarah."

Sarah flüsterte: „Es muss dir nicht leid tun. Das ist ein Geschenk für Tessa, sie hat bald Geburtstag. Und du bist auch zu ihrer Party eingeladen, du kriegst noch eine Einladungskarte."

Tim nahm Sarah in den Arm und Sarah lehnte ihren Kopf an Tims Kopf. Alex hatte sich eine Spielzeugpistole gekauft und dazu noch passende Patronen. Er zog seine Pistole und die Patronen aus der Plastiktüte und schoss auf Tim. Dieser schrie: „Ach, hör auf, du bist so kindisch!" Alex steckte die Spielzeugpistole wieder in die Tüte und streckte Tim die Zunge heraus. Dann gingen sie zum Bus und stellten die Tüten neben das Gepäck. Alle stiegen ein und der Busfahrer fuhr los.

Nun ging es zurück zur Schule. Dort warteten schon zahlreiche Eltern auf dem Schulhof, um ihre Kinder abzuholen. Auch Tim wurde von seiner Mutter erwartet. Er verstaute das Gepäck im Auto und die beiden fuhren heim.

Als Tim in seinem Zimmer seinen Koffer öffnete, fing er an zu schreien: „Iiii! Was ist das?" Seine Kleidungsstücke waren feucht und mit irgendeiner klebrigen Flüssigkeit beschmiert. Was konnte das nur sein? Tim roch an der Kleidung. War das Öl? Und wie kam es in seinen Koffer? Wer hatte das getan? Tim hatte Tränen in den Augen. Er hob vorsichtig alle klebrigen Kleidungsstücke hoch, stopfte sie in eine Plastiktüte und legte diese vor die Waschmaschine.

Seine Mutter bemerkte es und fragte. „Was ist hier passiert? Das kann doch nicht sein, dass du alle Kleidungsstücke so verschmutzt hast."

Tim antwortete: „Das war jemand aus der Klasse, der mich nicht leiden kann. Der Depp hat eine Flüssigkeit in meinen Koffer geschüttet. Leider kann ich nicht beweisen, wer der Idiot war."

Die Mutter bedauerte Tim und ging zurück in die Küche, wo Florian Seitz auf sie wartete. Nach einer halben Stunde kam sie in Tims Zimmer und sagte leise: „Besuch für dich." Sarah kam auch rein und setzte sich auf Tims Bett neben ihn. Seine Mutter ging aus dem Zimmer raus, und als sie die Tür schließen wollte, sah sie den pitschnassen Koffer.

Sie fragte verwundert: „Äh Tim, wie sieht dein Koffer aus?"

Tim antwortete: „Kannst du bitte gehen? Ich mache später alles sauber."

„Ok", sagte Tims Mutter, „aber ich werde Frau Meyer anrufen. Das ist doch kein Scherz mehr, wenn ein Mitschüler deine Sachen so verschmiert."

Florian Seitz stand vor der Zimmertür und wartete auf Tims Mutter. Die beiden Erwachsenen liefen ins Wohnzimmer und schauten fern.

Sarah fragte Tim: „Was ist denn mit deinem Koffer los?"

„Vielleicht war es Alex. Irgendjemand hat eine eklige, klebrige Flüssigkeit in meinen Koffer gekippt. Es ist eine riesige Sauerei."

„Das würde wirklich zu Alex passen. Leider wissen wir nicht sicher, ob er es war", sagte Sarah mitfühlend.

Aber dann verbrachten die beiden noch einen schönen Freitagabend miteinander. Tim war glücklich, dass Sarah zu ihm hielt und er mit ihr zusammen war.

Am Montagmorgen begann um acht Uhr der Unterricht. Zu Beginn der Stunde bei Frau Meyer hatten alle noch viel zu erzählen von der letzten Woche im Schullandheim. Die Jugendlichen zeigten einander die Bilder auf den Handys, die sie gemacht hatten. Sie waren in guter Stimmung und lachten, als sie sich an manche Situationen im Schwarzwald erinnerten. Doch am Ende der Unterrichtsstunde kündigte Frau Meyer an: „Nun müssen wir aber wieder zum Lernen übergehen. Am Freitag schreiben wir einen Englischtest über alle Vokabeln von Seite 147-148. Schreibt es euch ins Hausaufgabenheft und lernt die Vokabeln. So, und jetzt arbeiten wir noch etwas im Workbook." Der Schultag verging wie im Flug. Alle gingen nachhause, aßen zu Mittag und machten Hausaufgaben.

Abends klingelte es an der Haustür und Tim machte auf. Es war Florian Seitz.

Tim sagte: „Hallo Florian, komm rein. Mama, komm mal, Florian ist da."

Tims Mutter kam und begrüßte ihren Freund: „Hi, Schatz, komm, wir gehen jetzt los ins Kino. Tschüss, Tim, ich habe mein Handy dabei, du kannst mich erreichen."

Tim antwortete: „Ok, wenn was ist, rufe ich an. Tschau!"

Tim war ganz alleine, also beschloss er Sarah auf ihrem Handy anzurufen, doch sie ging nicht dran. Dann probierte Tim es zuhause bei Sarah, da meldete sich Sarahs Mutter: „Sarah ist leider nicht da, sie ist beim Reiterverein, um für das nächste Turnier zu trainieren."

„O.k.", sagte Tim und legte auf. Er legte sich auf die Couch und schaute fern.

Später kam Tims Mutter ins Wohnzimmer und forderte ihn auf: „ Hallo Tim, gehst du bitte ins Bett? Es ist schon 22:15 Uhr. Gute Nacht, Tim."

Tim erwiderte: „O.k., tschüss."

Am Freitag trafen sich alle morgens vor der Turnhalle, weil sie Sport hatten. Alex ging zu Robin und sah, dass Tim vorbeilief.

Alex sagte mit einem frechen Grinsen im Gesicht: „Gestern Abend war es voll schön mit Sarah."

Tim fragte Alex, ob das stimmte, und er sagte: „Ja."

Tim überlegte: Stimmte das wirklich? Sarahs Mutter hatte gesagt, dass ihre Tochter im Training sei, und warum sollte Sarahs Mutter ihn anlügen?

Er ging zu Sarah, die gerade kam, und fragte: „Hast du dich mit Alex gestern getroffen? Alex sagt das. Ich habe gestern bei dir angerufen. Deine Mutter hat gesagt, dass du beim Reiterverein bist, und ich weiß jetzt nicht, wem ich glauben soll."

Sarah erwiderte empört: „Ich war beim Training und Alex will uns auseinanderbringen. Meine Mutter würde dich nie anlügen."

Dann war die Sportstunde zu Ende und alle liefen in die Schule zurück. Nach der Mathestunde bei Herrn Ding kam Frau Meyer. Sie begrüßte alle Schüler und sagte: „So, jetzt schreiben wir einen Englischtest und ich teile die Aufgabenblätter aus." Frau Meyer teilte die Tests aus. „Ihr könnt anfangen, nach zehn Minuten solltet ihr fertig sein."

Nach vier weiteren Stunden war der Unterricht zu Ende. Tim ging nachhause und machte Hausaufgaben, dann kam Tims Mutter und fragte: „ Wie war der Englischtest?" „Gut", sagte Tim."

Am nächsten Morgen bekam er den Englischtest zurück und hatte eine Vier. Seine Mutter war in die Schule gekommen und wollte mit Herrn Ding reden wegen Mathe, weil Tim in diesem Fach schlecht war.

Als sie Tim sah, fragte sie ihn: „Was für eine Note im Englischtest hast du?"

Tim antwortete: „Ich habe eine Vier."

„Was, Tim, ist das dein Ernst?"

„Ja, ist es, Mama."

„O.k., ich gehe jetzt zu Herrn Ding. Tschüss, bis später."

„Tschüss," erwiderte Tim.

Alle Schüler betraten das Klassenzimmer, dann kam Frau Meyer und sagte: „Tim, kannst du mal bitte kommen?"

Tim ging zum Lehrerpult und fragte: „Was ist, Frau Meyer? Was wollen Sie von mir?"

„Gut, dass deine Mutter mich angesprochen hat. Ich habe dir

den falschen Test gegeben. Du hast super gelernt und eine 1,0", lobte die Klassenlehrerin.

Tim freute sich: „Danke, Frau Meyer."

„Bitte, Tim, kannst du mir den Alex holen? Er hat deinen Test", erklärte die Lehrerin.

Tim holte Alex, dieser ging zu Frau Meyer und fragte: „Was ist, warum haben Sie mich gerufen?"

„Weil ich dir sagen wollte, dass ich eure Tests verwechselt habe. Außerdem sollst du mir dein Hausaufgabenheft geben. Ich schreibe eine Nachricht für deine Eltern hinein, weil du sehr oft deine Hausaufgaben vergessen hast."

Alex ärgerte sich über die Benachrichtigung seiner Eltern und über die schlechte Testnote. Er hatte es gemerkt, dass er den falschen Test zurückbekommen hatte, aber er wollte es Frau Meyer nicht sagen. Nun war es ihr selbst aufgefallen.

Tim begleitete nach Schulschluss Sarah nachhause und dann ging er selbst heim. Seine Mutter wartete schon.

Tim kam zur Tür rein und erzählte glücklich: „Hallo, Mama, Frau Meyer sagte zu mir, dass sie den Test verwechselt hat. Ich habe eine glatte Eins."

„Gut", lobte Tims Mutter.

Nach den Hausaufgaben nahm Tim seine Jacke und fuhr mit der Straßenbahn zum Wasserturm, weil er sich dort mit Sarah traf. Er sah Sarah auf der anderen Seite der mehrspurigen Straße stehen, die zum Mannheimer Hauptbahnhof führte. Tim rannte zu seiner Freundin, die gerade die Straße überqueren wollte, als ein Auto bei Rot blitzschnell über die Kreuzung fuhr. Zum Glück konnte Tim Sarah im letzten Moment am Arm packen und sie von der Straße ziehen.

Sarah drehte sich zu Tim um und sagte mit erschrockener Stimme: „Danke, du hast mich gerettet." Sie umklammerte Tim mit ihren Armen und flüsterte: „Danke, danke, danke. Ich liebe dich, Tim!"

Tim freute sich sehr und streichelte Sarah den Rücken. Er sagte zärtlich: „Ich liebe dich auch, Sarah, Schatz."

Dann schlug er vor: „Ich habe eine tolle Idee. In meiner Jackentasche habe ich noch zwanzig Euro. Wir können eine Pizza bei Pizza Hut essen. Die Pizzen schmecken dort wirklich super lecker."

„Ja, aber lass mich bitte noch einmal tief durchatmen", meinte Sarah.

Dann hatte sie sich beruhigt und beide liefen Hand in Hand zur Pizzeria.

Als sie bei Pizza Hut ankamen, rief ein kleiner, etwas dickerer Mann mit einer Glatze: „Willkommen! Was hättet ihr beiden denn gerne?"

Sarah antwortete: „Eine Pizza spezial, bitte!" Das war eine Pizza mit Salami, Hinterschinken, Pilzen, Artischocken und Oliven. Tim bestellte die gleiche Pizza.

Der dicke Mann erkundigte sich: „Wollt ihr sie hier essen oder mitnehmen?"

Tim antwortete: „Wir essen sie im Restaurant."

„Alles klar, Amigo, die Pizzen sind in zehn Minuten fertig."

Tim und Sarah setzten sich an einen freien Tisch für zwei Personen und warteten. Als der Mann mit den Pizzen zu den beiden kam, stellte er sie vor das Paar und wünschte einen guten Appetit. Die Verliebten ließen es sich schmecken. Tim bezahlte und beide gingen heim.

Alex war an diesem Nachmittag sehr wütend auf Tim. Er dachte: „Dieser Typ hat mir Sarah weggeschnappt und schreibt voll die guten Noten. Ich hasse ihn! Warum kann ich nicht so viel Erfolg haben wie er? Der Schwächling ist schlecht in Sport und ich bin der Boss der Klasse. Warum findet Sarah bloß ihn gut und nicht mich?" Als Tim nach Hause kam, überraschte ihn Alex an der Haustür. Er hatte ihm nachspioniert und gesehen, wie Tim an der Straßenbahnhaltestelle ausstieg.

Alex schrie Tim an: „Ich möchte nicht, dass du mit Sarah zusammen bist! Ich liebe sie und sie mich, kapiert?"

Tim antwortete: „Lass uns in Ruhe, ich bin mit ihr zusammen! Kapier es doch endlich!"

Alex ging nach Hause und überlegte sich, welche Streiche er Tim noch spielen konnte. Seine Mutter fragte ihn: „Wo warst du gewesen?"

Alex antwortete: „Ich musste noch etwas in der Stadt erledigen."

Tim schrieb Sarah auf WhatsApp an. Er teilte ihr mit, was Alex gesagt hatte. Sie verstand nicht, dass er so ein Theater machte, nur weil sie und Tim sich liebten. Bevor Tim schlafen ging, dachte er nochmals über Alex' Worte nach. Er fand es lächerlich, dass Alex so eifersüchtig war.

Kapitel 3

Alex war so wütend auf Tim, dass er nach Möglichkeiten suchte, wie er Tim ärgern konnte. Er hoffte immer noch, es könnte ihm gelingen, Sarah für sich zu erobern.

In der Sportstunde schoss sein Freund Robin einen Lederball in Tims Gesicht. Tim war verletzt und wurde nach Hause geschickt. Der Lehrer schrie: „Robin, komm sofort her!" Er durfte nicht mehr am Unterricht teilnehmen und musste auf der Bank sitzen, um eine Strafarbeit zu schreiben.

Am nächsten Tag kam Tim mit einem geschwollenen Gesicht in die Schule. Alle bis auf Sarah lachten ihn aus. Tim schwor sich in Gedanken: „Dieses Arschloch wird was erleben!" Am nächsten Tag rief jemand Fremdes mit einer tiefen Stimme an. Sie war so unheimlich, dass Tim auflegen musste.

In der Schule drohte Robin: „Tim, wenn du mich noch mal verpetzt, dann schlage ich dich tot!"

Tim bekam Angst. Sarah bemerkte es und fragte ihren Freund: „Tim, was ist los mit dir, du siehst verängstigt aus? Was ist geschehen? Ich mache mir Sorgen, erzähl mir bitte, was hier los ist. Wenn du mit mir reden willst, höre ich dir sehr gerne zu."

Tim sagte: „Nein, ich will nicht, dass du traurig wirst."

Sarah und Tim gingen ins Klassenzimmer. Tim sah traurig aus, das sah die Klassenlehrerin. Sie fragte ihn: „Tim, what's happened to you?"

Tim antwortete nicht. Frau Meyer sagte: „Wenn du nicht reden willst, ist es o.k."

Als der Unterricht zu Ende war, fuhr Tim mit seiner Cousine Tamara nach Hause. Seine Cousine war in der gleichen Schule wie Tim, aber erst in der 7. Klasse. Ihr Vater war der Bruder von Tims Mutter, aber die beiden Familien besuchten sich nicht so oft. Tim merkte nicht, dass Alex ihm folgte. Alex machte ein Foto und stellte es ins Internet.

Am folgenden Wochenende wachte Tim morgens spät auf. Plötzlich sah er auf der Fensterscheibe mit blutroter Farbe eine

Aufschrift. Ihm klopfte das Herz, als er näher ging. Was war das schon wieder? Nahmen die Probleme denn gar kein Ende? „Ich beobachte dich!" war in großen Buchstaben auf die Scheibe gesprayt worden. „Wer war das?", dachte Tim.

Plötzlich klingelte es an der Haustür. Misstrauisch ging Tim zum Eingang. Sein Herz klopfte rasend schnell. Langsam öffnete er die Tür. Zum Glück stand Sarah vor ihm. Sie fragte Tim: „Was ist los, hast du einen Geist gesehen?" Dann lächelte sie ihn an.

„Sieh selbst", antwortete Tim und führte Sarah zum Fenster.

„Das musst du der Polizei melden, Tim!", meinte sie bestimmt.

Zögerlich antwortete Tim: „ Das kann ich nicht, das waren bestimmt Alex und Robin, die verprügeln mich sonst."

„O.k., wenn du meinst", sagte Sarah, „ich würde es lieber melden, damit der Täter merkt, dass du dir nicht alles gefallen lässt."

Die beiden verbrachten den Samstag gemeinsam. Sarah war Mitglied im Mannheimer Reiterverein. Tim begleitete sie zur Reitanlage in der Nähe des Luisenparks. Er half Sarah, die Pferde zu pflegen, und schaute dann zu, wie sie für das nächste Turnier trainierte. Tim selbst hatte sich bisher nicht für Pferde interessiert, doch die zahlreichen Schulpferde mit ihren unterschiedlichen Fellfarben gefielen ihm. Er blickte in die Boxen hinein, wo auch einige Pensionspferde standen. Als die beiden Hunger bekamen, aßen sie eine Pizza im Restaurant „Cavallo", das zur Reiteranlage gehörte.

Am Montag sprang Alex, als Tim gerade das Schulhaus betreten wollte, plötzlich aus einer Hecke und bewarf Tim mit einer Wasserbombe. Klatschnass stand Tim fassungslos da. Sarah schrie vor Schreck. Alex rannte lachend weg und alle in der Klasse lachten über Tims nasse Kleider.

Plötzlich klingelte Sarahs Handy. Eine MMS. Es war ein Bild mit Tim und einem fremden Mädchen neben ihm, Tim umarmte das Mädchen. Der Kommentar war: „Tim betrügt dich!" Sarah war fassungslos und gab Tim eine Ohrfeige.

„Du Betrüger!", rief sie zornig.

„Was ist nun los?", fragte Tim entsetzt.
Sarah zeigte ihm die MMS.
Tim rief aufgeregt: „Aber das ist doch meine Cousine! Sie geht in die 7. Klasse und ihr Vater ist der Bruder von meiner Mutter. Ich bin vor ein paar Tagen mit ihr von der Schule nach Seckenheim heimgefahren. Mein Onkel wohnt auch in Seckenheim. Ich habe Tamara umarmt, weil ich ihr zum Geburtstag gratuliert habe. Dabei muss uns jemand fotografiert haben."

Sarah meinte: „Das ist eine Ausrede, du machst hinter meinem Rücken mit anderen Mädchen rum!" Da Tim ziemlich wenig Kontakt mit seiner Cousine hatte, wusste Sarah nichts von Tamara.

Tim ging zu Robin und Alex und knurrte zornig: „Hört mit dem Quatsch auf. Ihr wisst genau, dass ich Sarah nicht untreu geworden bin. Was soll der Scheiß?" Aber die beiden lachten nur, schubsten ihn hin und her und riefen: „Betrüger, Betrüger!" Sarah ging Tim aus dem Weg und hörte ihn nicht mal an. Alle anderen in der Klasse wollten nichts mit ihm zu tun haben. Tim freute sich, als die Glocke am Ende der letzten Stunde läutete und er endlich nach Hause gehen konnte.

Am Abend klingelte sein Telefon. Als Tim abnahm, wurde wieder aufgelegt. Das ging ein paar Mal so, und beim achten Mal schrie er ins Telefon: „Entweder ihr lasst das oder ich rufe die Polizei!" Eine gruselige, tiefe Stimme meldete sich: „Ich beobachte dich!" Dann hörte man ein unterdrücktes Lachen im Hintergrund.

Am nächsten Tag sah Tim Alex und Sarah zusammen in die Schule gehen. Alex drehte sich immer um und machte eine Fratze zu Tim. Das tat richtig weh! Tim war todunglücklich. War es möglich, dass Alex doch sein Ziel erreicht hatte, ihn und Sarah auseinanderzubringen? Glaubte ihm Sarah so wenig, dass sie auf Alex' Trick hereinfiel? Tim konnte es kaum fassen. Er hatte das Gefühl, den ständigen Druck nicht mehr aushalten zu können.

In der großen Pause warfen dann mehrere Mitschüler Wasserbomben auf Tim. Nass und niedergeschlagen ging er zur Lehrerin und fragte, ob er nach Hause gehen könnte, um sich neue

Kleider anzuziehen.

„Was ist passiert, Tim?", fragte sie erschrocken.

„Ich bin in eine Pfütze gefallen!", gab Tim an.

„O.k., aber beeile dich, damit du nicht den ganzen Unterricht verpasst!"

Zuhause sah Tim ganz viel Toilettenpapier im Garten verteilt. „Das kann nur Robin gewesen sein", dachte Tim, „er war heute nicht in der Schule." Tims Mutter musste an diesem Tag früher als sonst ins Büro gehen, deswegen hatte niemand etwas von der Aktion mitbekommen.

Am Abend schaltete Tim den Computer an. Da sah er das Foto von sich und seiner Cousine auf der Facebook-Seite seiner Klasse. Er rief Sarah an, als sie abnahm, hörte Tim sie weinen.

Tim schnappte sich Alex am nächsten Tag in der Schule. Er schrie: „Warum tust du mir das an, warum?"

Alex antwortete: „Warum? Lass mich überlegen! Erstens liebe ich Sarah und zweitens hast du in unserer Klasse nichts zu suchen."

Tim antwortete darauf: „Aber ich liebe Sarah auch und sie liebt mich. Darf ich jetzt etwa nicht mehr mit ihr zusammen sein?"

„Nein, Sarah liebt mich und nie wieder dich. Wenn du nicht in die Klasse gekommen wärst, dann wäre sie schon lange meine Freundin. Lass Sarah endlich in Ruhe, sonst kannst du etwas erleben", drohte Alex mit wütendem Gesicht.

Als Tim zu Hause seinen Computer anschaltete, sah er peinliche Fotos von sich auf der Facebook-Seite der Klasse. Diese mussten im Schullandheim aufgenommen worden sein: Auf einem Bild lag er auf dem Boden mit dem Gesicht in der verschütteten Suppe, auf dem zweiten saß er zusammen mit Tessa im Bob und das Peinlichste waren vier weitere Fotos, die Tims Unterwäsche auf dem Flur zeigten. Der Kommentar war: „Tims Unterhosen aus der Altkleidersammlung." Tim glaubte seinen Augen nicht zu trauen. Ihm wurde schlecht, weil er so geschockt war. Tränen stiegen ihm in die Augen, es war einfach zu viel. Diese oberpeinlichen Fotos konnten nun alle sehen. Tim kam ein Gedanke: „Es wäre am besten, wenn ich nicht mehr leben würde. Dann wären alle Probleme vorbei."

Auf dem Weg von der Haltestelle zur Schule traf er am nächsten Morgen Sarah mit einer Rose in der Hand.

Sie sagte: „Entschuldigung wegen der Ohrfeige, ich wusste nicht, dass es deine Cousine war."

Tim antwortete: „Ist schon in Ordnung, ein Missverständnis kann schon mal passieren. Wie hast du gemerkt, dass ich dich nicht betrogen habe?"

„Ich habe das Mädchen auf dem Schulhof getroffen und mit ihm geredet. Sie sagte, sie ist deine Cousine und du hättest sie nur umarmt, um ihr zum Geburtstag zu gratulieren. Du hattest also die Wahrheit gesagt. Es tut mir schrecklich leid, dass ich dir nicht geglaubt habe und auf Alex' Trick hereingefallen bin. Du musst sehr enttäuscht von mir gewesen sein. Verzeihst du mir bitte?" Sarah war traurig.

„Schon gut, alles ist in Ordnung", antwortete Tim zärtlich, „Hauptsache, wir sind wieder zusammen."

„Wollen wir gemeinsam zur Schule laufen?", fragte Sarah.

Tim grinste: „O.k., aber nur, wenn wir Händchen halten!"

Dann sprach er bedrückt weiter: „Es gibt viele schlechte Dinge, die in den letzten Tagen passiert sind. Jemand macht bei mir Telefonterror und seit gestern sind ganz peinliche Fotos von mir auf Facebook."

Sarah erschrak. Sie wollte ihn trösten und meinte: „Du kannst mir heute Nachmittag alles erzählen, dann haben wir mehr Zeit. Zusammen sind wir stark."

Als die beiden gemeinsam ins Klassenzimmer kamen, wollte die halbe Klasse anfangen zu lachen, aber es gelang ihnen nicht, weil Frau Meyer gleich nach ihnen den Raum betrat. Kurz nach Unterrichtsbeginn bekam Tim einen Zettel von Robin, auf dem stand: „DU BIST EIN MEGA-OPFER UND EIN ARSCHLOCH!" Tim zeigte den Zettel der Klassenlehrerin. Diese wurde sauer und fragte Tim, wer ihm das zugeworfen hatte. Tim antwortete darauf: „Das war der Robin, Frau Meyer " Robin bekam eine Stunde Nachsitzen und war wütend auf Tim.

Dann kündigte Frau Meyer eine Englisch-Klassenarbeit an. Alex flüsterte: „Wenn du uns nicht abschreiben lässt, gibt's gewaltigen Ärger. Kapiert, du Schlaumeier?"

Tim bekam mal wieder Angst und ihm wurde schlecht, er fragte: „Frau Meyer, kann ich kurz auf die Toilette? Ich glaube, ich muss brechen."

„Ja", antwortete die Lehrerin.

Robin und Alex gingen ihm nach, als kurz darauf die 5-Minuten-Pause begann. Tim schaffte es gerade noch rechtzeitig, die Toilette zu erreichen. Er musste heftig erbrechen, ihm war sehr übel. Alex lachte ihn aus, dadurch fühlte sich Tim noch elender.

Sarah suchte Tim in der Pause im ganzen Schulhaus. Als Tim wieder ins Klassenzimmer kam, ging Sarah zu ihm und fragte ihn: „Wo warst du? Warum bist du so blass im Gesicht?"

Tim flüsterte ihr zu: „Robin und Alex haben mich erpresst, deswegen musste ich erbrechen."

Sarah zuckte vor Schreck zusammen. Sie ließ sich alles von Tim erzählen und hielt ihn fest bei der Hand. Dann machte sie ihm Mut: „Wenn die beiden dir etwas antun, gehe ich sofort zum Rektor."

Am folgenden Morgen wachte Tim auf, aber etwas war anders als sonst. Dann fiel ihm auf, dass er ganz nass war, er hatte in sein Bett gemacht. Tim schrie: „Nein!"

Plötzlich kam seine Mutter ins Zimmer und fragte: „Was ist, Tim?"

Tim schämte sich so, dass er seine Mutter anlog: „Mir geht es im Moment nicht so gut. Ich muss duschen, dann wird es bestimmt besser."

Als seine Mutter das Zimmer verlassen hatte, zog er schnell die nasse Bettwäsche ab und warf sie zusammen mit seinem Schlafanzug unter das Bett. Die feuchte Stelle auf der Matratze deckte er mit einem Handtuch aus dem Bad zu. Als er fertig geduscht hatte, schloss er sein Zimmer von außen ab und steckte den Schlüssel ein. Seine Mutter musste an diesem Tag lang arbeiten.

Bevor sie abends nach Hause kam, konnte er alles in Ordnung bringen. Tim war bedrückt und überlegte: „Warum habe ich ins Bett gemacht?" Er fühlte sich sehr unsicher und hilflos. Benahm er sich jetzt schon wie ein Kleinkind? Bekam er gar nichts mehr auf die Reihe? Seit dem Tod seines Vaters lief aber auch alles schief. Tim fühlte sich wie von einer schweren Last erdrückt, er glaubte, er wäre kaum noch fähig zu atmen. Beinahe wurde ihm beim Duschen schwarz vor den Augen. Er konnte gerade noch aus der Duschkabine stolpern und sich auf einen Stuhl setzen. Tim ging an diesem Abend sehr früh schlafen.

Seine Mutter machte sich mittlerweile Sorgen um ihren Sohn. Was war nur los mit ihm? Seit er in der neuen Klasse war, war er oft traurig und es ging ihm nicht mehr so gut. Oder kam Tim mit ihrem Freund Florian nicht zurecht? Nein, das konnte nicht sein! Auch sie hatte ein Recht darauf, einen neuen Partner zu finden.

In der Hofpause am Dienstag der folgenden Woche kamen Alex und Robin auf Tim und Sarah zu, sie riefen: „Oh, was sehen wir da? Schmust Sarah wieder mit Tim?"

Tim nahm seinen ganzen Mut zusammen und brüllte: „Lasst uns in Ruhe, ihr Arschlöcher!"

„Was willst du uns denn tun, du Feigling!", spottete Robin.

„Das war die falsche Antwort!", schrie Tim und schlug auf Robin ein. Die Prügelei dauerte eine ganze Zeit. Robin war viel stärker als Tim, aber Tim war dermaßen wütend, dass er sich so gut wie möglich wehrte. Die beiden lagen auf dem Boden und schlugen aufeinander ein, bis eine Lehrerin kam und sie trennte. Sie wollte wissen, wer angefangen hatte.

Da schrie Robin: „Tim hat angefangen!"

Sarah protestierte: „Das stimmt nicht! Du hast angefangen!"

Die Lehrerin befragte die Klassenkameraden, die in der Nähe standen. Alle hielten zu Robin. Deshalb befahl sie: „Nach der Schule hast du Nachsitzen und jetzt verschwindet ihr alle im Klassenzimmer!"

Am Ende der letzten Stunde, als Tim nachsitzen musste, kam Sarah und fragte: „Was kann ich für dich tun?"

Tim antwortete: „Du kannst nichts tun! Aber wir können zusammen nach Hause gehen."

Sarah besuchte Tim am späten Nachmittag in Seckenheim. Sie gingen an den Neckar und beobachteten, wie die Sonne unterging. Beide genossen die Aussicht aufs Wasser. Am Neckarufer war es so still und friedlich, man hörte nur den Autoverkehr auf der Brücke. Als die Sonne fast nicht mehr zu sehen war, umarmten und küssten die beiden sich. Für Tim war es der schönste Moment seines Lebens, alle Probleme in der Schule waren wie weggeblasen, er fühlte sich einfach nur glücklich. Zusammen mit Sarah traute er sich zu, sich auch gegen alle anderen zu behaupten. Als Tim schlafen ging, träumte er von seiner Freundin.

Vor der nächsten Klassenarbeit kam Robin auf Tim zu: „Heute ist ja mal wieder eine Klassenarbeit. Wenn du mich und Alex nicht abschreiben lässt, dann bekommst du Schläge. Gecheckt, du Arschloch? Und schreib groß, dass wir es auch sehen, o.k.?"

Tim antwortete darauf mit ängstlicher Stimme: „J-Ja."

Als alle im Klassenzimmer waren, teilte die Lehrerin die Tests aus und sagte: „Viel Glück!" Tim schrieb los, nachdem er fertig war, tat er so, als hätte er Bauchschmerzen. Die Lehrerin schickte ihn ins Sekretariat, um einen Entlassschein zu holen. Während Tim im Sekretariat war, schrieben Alex und Robin von seinem Blatt ab. Er hatte sein Blatt auf dem Tisch liegen lassen, und da die Lehrerin gerade eine Frage von einem Schüler beantwortete, merkte sie nichts.

Als Tim zurückkam, sagte er: „Ich will nicht nach Hause gehen."

„Warum denn nicht?", fragte die Lehrerin.

Tim antwortete: „Weil ich nicht den ganzen Unterricht verpassen will."

„O.k.", antwortete die Lehrerin überrascht, „geht es dir so schnell wieder besser?"

Nachmittags besuchte Sarah wieder ihren Freund. Beide wussten nicht, dass Alex sie beobachtet und die Polizei von einer Telefonzelle aus angerufen hatte: „Hallo, ja hallo, ein Mädchen wird vergewaltigt, können Sie bitte gleich kommen?"

Alex gab Tims Adresse an. Die Polizei kam zu Tim nach Hause, um nachzuschauen. Tim und Sarah bekamen fast einen Herzinfarkt, als sie die Polizeibeamten vor der Tür stehen sahen und von dem Vorwurf hörten. Die Polizisten merkten gleich, dass etwas nicht stimmte, sie befahlen aber: „Lasst uns rein, wir wollen uns kurz umsehen." „O.k.", antwortete Tim.

Dieser Vorfall war natürlich in allen Klassen das Gesprächsthema der Schule, jeder fragte Tim: „Boah, wir haben gehört, dass die Polizei zu dir nachhause kam. Was hast du angestellt?"

Tim antwortete darauf: „Ja, die Polizisten waren bei mir zu Hause. Es gab eine falsche Information, ein Mädchen würde vergewaltigt. Woher wisst ihr das eigentlich?"

„Alex hat uns das gesagt", antworteten die Schüler.

„Danke für die Info, ich muss mal kurz mit Alex reden, wir sehen uns im Klassenzimmer. Tschau."

Tim ging zu Alex, aber dieser hatte angeblich nie etwas von einer Vergewaltigung gehört. Es kam beinahe zu einer Schlägerei, aber ein Lehrer kam dazu und beendete rechtzeitig den Streit.

Nach Schulschluss fragte Tim seine Freundin: „Sarah, hättest du Lust auf ein Date?"

„Na klar", antwortete Sarah.

Am nächsten Tag gingen Tim und Sarah abends gemeinsam zu McDonald's in der Nähe des Wasserturms. Sie stiegen zuerst auf die Aussichtsterrasse und schlenderten durch die Anlagen, unter den Arkaden umarmten sie sich lange. Dann ließen sie sich das Menü bei McDonald's schmecken. Als Tim und Sarah nach Hause gingen, war es schon spät.

Am Morgen kamen beide nicht rechtzeitig zum Unterricht, weil sie verschlafen hatten. Als Alex sie sah, rief er: „Sarah, warst du gestern Abend mit Tim zusammen?"

„Das interessiert dich nicht, Alex, lass mich in Ruhe", antwortete sie gereizt.

Alex gab Sarah eine heftige Ohrfeige. Als Tim das sah, rannte er zu ihnen und schlug Alex die Faust mitten ins Gesicht.

Alex rief: „Hilfe, ich werde verprügelt!"

„Er lügt!", schrie Tim zurück.

Frau Meyer hörte sie schreien und lief ins Klassenzimmer, sie fragte, was hier abging. „Nichts", war die Antwort, „bei uns ist alles in Ordnung, Sie brauchen sich keine Sorgen zu machen."

Ein paar Tage später kam Alex auf Tim zu: „Wie geht's mit dem Mädchen, mit dem du Sarah betrügst?"

Tim war wütend: „Ich hab' doch gesagt, dass sie meine Cousine ist!"

Weil Alex Sarah als „Schlampe" beschimpfte, rastete Tim aus und ging auf ihn los. Robin half sofort seinem Freund. Alex und Robin waren zusammen natürlich stärker als Tim, sie verprügelten ihn. Als Tim nach Hause kam, merkte er nicht, dass seine Stirn blutete.

Die Mutter fragte entsetzt: „Wer hat dich verletzt? Schau mal in den Spiegel!"

Tim antwortete: „Das sind zwei Loser in meiner Klasse gewesen."

Tim hielt es in der Schule kaum noch aus. Er freute sich immer auf das Wochenende, um gemeinsam mit Sarah etwas zu unternehmen und endlich seine Ruhe zu haben. Am nächsten Samstag klingelte Tims Handy. Es war Sarah, sie fragte ihn, ob sie ins Kino gehen wollten. Es war ein sehr romantischer Film, der in Paris spielte. Der Film war erst spät zu Ende. Wegen des Wochenendes durfte Tim bei Sarah übernachten. Beide fuhren in die Mannheimer Oststadt, wo sich das Haus von Sarahs Familie befand. Tim schlief auf dem Sofa und Sarah in ihrem Bett.

Am Sonntag gingen Sarah und Tim in ein chinesisches Restaurant. Tim zog seine schicksten Kleidungsstücke an und stylte seine Haare. Sarah trug ein enges, schwarzes Kleid und hatte ihre Haare geglättet. Beide hatten viel Spaß zusammen und lachten den ganzen Abend.

Doch in der Schule passte Alex am Montag Sarah ab, er drohte ihr: „Wenn du dich nicht von Tim trennst, dann wird was Schlimmes geschehen!"

Sarah fing an zu weinen. Tim tröstete Sarah, er fragte sie: „Wer hat dich zum Weinen gebracht?"

Sarah meinte: „Wir müssen uns trennen. Ich halte diese ständigen Bedrohungen und die Aufregung nicht mehr aus."

Tim hatte Tränen in den Augen. Er fragte sie: „Warum, ist was Schlimmes passiert?"

„Ja, Alex hat mich wieder bedroht", schluchzte Sarah.

Tim schrie: „Dieser Hurensohn wird was erleben!"

In den folgenden Tagen versuchten Alex und Robin immer wieder, Tim zu ärgern und fertigzumachen. Als Tim seinen Französisch-Vokabeltest als Erster abgab, flüsterte Alex zu Robin: „Bestimmt hat er ein leeres Blatt abgegeben." Robin fing an zu lachen, da lachte plötzlich der Rest der Klasse mit. Denn die anderen hatten mitbekommen, dass sich Alex über Tim lustig machte. Die Lehrerin fragte ironisch: „Was gibt es? Wenn es wirklich einen Grund gibt, würde ich gerne mitlachen."

In der nächsten Stunde hatte die Klasse Englisch mit Frau Heinz als Vertretung. Frau Heinz sagte, was sie machen mussten. Die Schüler sollten im Englischbuch auf Seite 78 die Nummer 2 bearbeiten, und wer damit fertig war, durfte seine Hausaufgaben erledigen. Alex war als Erster fertig, weil er eine leichtere Aufgabe ausgewählt hatte. Frau Heinz kontrollierte sie auch nicht, deswegen durfte Alex sich selbst beschäftigen. Er malte ein Bild von Tim mit vielen Pickeln im Gesicht und großen Ohren. Darunter schrieb er: „Hallo, hier ist Tim, ich bin ein Arschloch." Er nahm das Bild in der Pause mit in den Schulhof und klebte es an einen Baum. Als die anderen Schüler das Bild entdeckten, lachten sie sich kaputt. Jonas sah Tim, wie er mit Sarah auf einer Bank saß. Er riss das Bild vom Baum ab und ging damit zu Tim, spöttisch sagte er zu ihm: „Tim, schau mal in den Spiegel!"

Darauf kam die Frage von Tim: „Welcher Spiegel denn?" Jonas zeigte Tim das Bild und fing dabei an zu lachen.

Tim fragte: „Wo hast du das Bild her?" Jonas antwortete: „Es hing am Baum dort bei den Fahrradständern."

Sarah riss Tim das Blatt aus der Hand und zerknüllte es wütend. Tim murmelte vor sich hin: „O.k., ich kann mir schon denken, wer das war." Dann rannte er zu Alex und brüllte ihn an.

Alex fragte: „Was ist, du Hosenscheißer?"
Tim warf Alex das zerknüllte Blatt ins Gesicht, er beschimpfte ihn. Da kam schon Robin angelaufen, um Alex zu helfen, er sagte: „Tim, du Arschloch."
Tim knallte Robin seine Faust ins Gesicht. Sofort rannte die Pausenaufsicht herbei.
Frau Kallmayer rief: „Was geht hier ab, tickt ihr nicht mehr richtig?" Sie fragte nach, was passiert war, und brachte dann beide zur Klassenlehrerin. Tim und Alex bekamen von Frau Meyer eine Stunde Nachsitzen.
Als Tim am Abend in seinem Bett lag, klingelte sein Handy. Es war eine unbekannte Nummer. Er ging dran und fragte: „Wer ist da?"
Eine tiefe Stimme drohte: „Tim, du wirst sterben." Tim legte sofort auf.
Bald darauf hörte Tim, wie es an der Tür klingelte. Es war Florian, der Freund der Mutter. Tim konnte ihn immer noch nicht leiden. Die Mutter und ihr Freund setzten sich ins Wohnzimmer, doch Tim schlich aus seinem Zimmer, um zu lauschen. Er hörte, wie Florian Seitz und die Mutter über ihre Hochzeit im nächsten Jahr sprachen. Wie schon so oft musste Tim an seinen verstorbenen Vater denken. Florian Seitz konnte niemals die Rolle seines Vaters einnehmen, niemals! Das stand für Tim fest.
Im Klassenrat mit Frau Meyer wurde in dieser Woche die neue Sitzordnung der Klasse besprochen. Alex wollte neben Sarah sitzen, Tim ebenso. Deswegen musste Sarah entscheiden, sie sagte natürlich: „Ich will neben Tim sitzen." Alex war stinksauer.
Am Wochenende fuhren Tim und Sarah gegen Abend zum Technoseum. In der Nähe fand das Mannheimer Oktoberfest statt. Die beiden drängten sich durch die Menschenmassen, die in Dirndln und Lederhosen unterwegs waren. Aus dem großen Festzelt, das Sprossenfenster besaß und in weiß-blauer Farbe dekoriert war, dröhnte laute Volksmusik. Tim und Sarah kauften sich eine Bratwurst und lachten über das Aussehen von manchen Leuten.

Alex dachte sich in der folgenden Woche wieder eine unangenehme Überraschung aus. In einer Stunde saß die Klasse unbeaufsichtigt im Klassenzimmer, weil Herr Schröck dringend mit Eltern sprechen musste. Alex holte sein Smartphone hervor und dachte sich: "Ich suche jetzt Informationen über Tim im Internet."

Er fand einige Fotos von Tims Grundschule. Darauf war Tim als Erstklässler zu sehen, als er bei einem Theaterstück mitspielte und als Weihnachtsmann verkleidet war. Auch verschiedene Aufnahmen aus der fünften Klasse fand Alex. Sie zeigten Tim bei einem Schwimmausflug mit seiner früheren Klasse, beim Eislaufen und bei einer Schifffahrt. Diese Bilder verschickte er mit frechen Kommentaren über WhatsApp an die Klassenkameraden. Alex lachte vor sich hin, als er die Bemerkungen schrieb.

Plötzlich kam Herr Schröck wieder ins Zimmer. Er sagte: "Was ist das für ein Lärm hier? Das geht so nicht weiter! Entweder seid ihr leise oder ihr schreibt die Schulordnung ab."

Die 8b sagte: "O.k."

Als Alex am Nachmittag die anderen Bilder auch verschickt hatte, fühlte er sich wie ein König. Er stellte sich Tims Gesicht vor, wenn er die Bilder und Kommentare sah. Sarah würde ihm die schon zeigen, denn sie war mit vielen von der Klasse in einer WhatsApp-Gruppe. Alex lachte. Das war seine Rache an Tim, der ihm Sarah weggeschnappt hatte.

Am nächsten Morgen schaute sich fast die ganze Schule die Bilder an, sie waren von einem Schüler zum anderen weiterverschickt worden. Tim merkte, dass die anderen ihn auslachten. Er ging zu Sarah und fragte sie, was passiert war.

Sarah meinte: "Jemand hat Bilder von dir mit komischen Kommentaren über WhatsApp verschickt."

Tim fragte: "Welche Bilder? Gib mir mal dein Handy, ich will nachschauen."

Er betrachtete die Bilder und merkte schnell, dass sie in der Grundschule und in der 5. Klasse aufgenommen worden waren. Eigentlich war nichts Besonderes an den Bildern, aber durch die Kommentare wurde Tim lächerlich gemacht.

Tim sagte: "O.k., ich kann mir schon denken, wer das war."
Tim ging zu Alex, er fuhr ihn an: "Warum hast du das gemacht?"
Alex fragte: "Was habe ich gemacht?"
"Die Bilder!", brüllte Tim.
Alex erkundigte sich mit unschuldiger Miene: "Welche Bilder denn? Spinnst du oder hast du nicht mehr alle Tassen im Schrank?"
Tim meinte: "Du bist ein Arschloch!"
Alex wusste nun, dass Tim gemerkt hatte, wer die Bilder verbreitet hatte. Beide beschimpften sich heftig. Sarah rannte zu Frau Meyer.
Die Klassenlehrerin rief empört: "Was geht hier ab?" Sie trennte die beiden Streithähne.
Alex meinte: "Tim ist einfach so gekommen und hat mich geboxt und beschimpft."
Frau Meyer befragte nun auch die Klassenkameraden. Aber sie konnte nicht herausfinden, was wirklich passiert war, weil jeder etwas anderes erzählte.
Am Mittwochmorgen fuhr Florian Seitz Tim in die Schule. Tim fühlte sich super, er dachte sich: "Wenn ich mit einem Porsche in die Schule gefahren werde, bewundern mich alle." Tim stieg ganz cool aus dem Auto, als Florian vor dem Schulgebäude anhielt. Drei Mädchen kamen angelaufen, sie fragten Tim nach seiner Handynummer.
Doch Tim sagte: "Ich habe eine Freundin." Die Mädchen wirkten sehr enttäuscht.
Tim ging zu Sarah, er fragte sie: "Hast du das Auto gesehen, mit dem ich gekommen bin?" Doch Sarah meinte: "Ich will keinen Angeber als Freund."
Tim wunderte sich über Sarahs Meinung, sie gingen gemeinsam ins Klassenzimmer.
Alex hörte bald von Tims Fahrt mit dem Porsche. Er wurde neidisch und schwor Rache. Am Nachmittag ging er ins Jugendzentrum, wo er frühere Klassenkameraden von Tim traf.

Er fragte sie: „Bei mir ist ein Neuer in der Klasse. Er heißt Tim Grau. Kennt ihr ihn?"

„Ja", antwortete ein Junge, „Tim war früher bei mir in der Klasse."

„Warum hat Tim die Schule gewechselt? Wieso ist er sitzen geblieben?", wollte Alex wissen.

"Ist das so wichtig? Na ja, Tims Vater ist doch vor über einem Jahr gestorben und deshalb hat Tim auf einmal nur noch schlechte Noten geschrieben. Er ist dann sitzen geblieben. Aber Tim wollte nicht auf unserer Schule wiederholen, er wollte einen neuen Anfang machen", erklärte der Junge.

"Ah, sehr interessant. Vielen Dank", meinte Alex.

Auch diese Informationen verbreitete Alex sofort über WhatsApp weiter. Er dachte nicht darüber nach, wie schwer es für Tim gewesen sein musste, seinen Vater zu verlieren. Alex machte sich bei WhatsApp über Tim lustig, weil er ein solches Weichei sei. Er schrieb, dass Tim einfach nur dumm wäre und nichts aushalten könnte. Als seine Mitschüler die Nachricht auf dem Handy lasen, ging das einigen nun doch zu weit. Sie sagten zueinander: "Das ist aber wirklich gemein von Alex."

Kapitel 4

Als Tim mittags nach der Schule ziemlich bedrückt und lustlos zu Hause ankam, hatte seine Mutter ein tolles Geschenk für ihn. Tim ging mit seiner Mutter in das Esszimmer, wo das Geschenk auf ihn wartete. Er sagte: „Ich bin nicht in Stimmung dafür!" „Aber das heitert dich bestimmt auf", antwortete die Mutter. Das Geschenk war fast quadratisch, er wusste nicht, was es sein könnte, doch es machte ihn neugierig. Dann schaute er nach. Endlich war das Geschenkpapier beseitigt und er staunte, es war ein neues Handy, ein iPhone. Tim freute sich riesig. „Ich wollte dir eine Freude machen, weil es dir in letzter Zeit nicht so gut geht", erklärte die Mutter. Tim bedankte sich liebevoll bei ihr. Ihn machten die Apps neugierig. Sofort installierte er WhatsApp, Instagram, Facebook, Chrome, Twitter, Google und Spiele. Anschließend ging er hoch in sein Zimmer und erstellte einen Account auf Facebook, WhatsApp und Instagram. Er lud eine Menge Bilder und Texte hoch.

Am nächsten Tag nahm er sein neues Handy mit in die Schule und präsentierte es sofort im Schulhof seinen Mitschülern. Alle Klassenkameraden staunten, was für ein cooles neues Handy Tim bekommen hatte. Sie wollten plötzlich seine Handynummer, um mit ihm Kontakt zu haben. Bloß Alex wollte keinen Kontakt, weil Tim ihm die Freundin weggeschnappt hatte. Viele standen um ihn herum und warteten, bis sie drankamen, um seine Nummer zu bekommen. Sarah kam zuerst dran und lachte Tim fröhlich an. Alex wurde wütend und ging weg.

Er hatte eine Idee, wie er Tim wieder einmal ärgern konnte. Als die Schulglocke klingelte, gingen alle ins Klassenzimmer. Nun begann die erste Stunde mit Englisch. Als die Lehrerin eintraf, saßen wie durch ein Wunder alle Jugendlichen auf ihrem Platz. Die Lehrerin staunte und sagte: „Wow, ich bin erstaunt, dass ihr alle schon dasitzt und leise seid."

Als Frau Meyer ihre Sachen auf dem Lehrerpult verteilt hatte, fing sie mit dem Unterricht an. Sie sagte: „Schlagt euer Buch bitte auf der Seite 43, Nummer 4 auf." Die Stunde ging schneller vorbei als gedacht und die nächste fing schon wieder an.

Sie hatten Herrn Heim zur Vertretung in Mathe. Er war Biologielehrer und Sportlehrer, als er zur Tür hereinkam, wippten seine braunen, gelockten Haare. Die Mädchen blickten ihn an und sagten leise: „Der sieht ja gut aus." Er wirkte noch sehr jung, hatte ein rot-weiß-kariertes Hemd an und ging an das Lehrerpult. Die Jungen grinsten nur.

Herr Heim begrüßte die Klasse: „Guten Morgen!"

„Guten Morgen, Herr Heim", antworteten alle zusammen.

Herr Heim schlug vor: „Ich gehe mit euch auf den Schulhof, dort machen wir ein bisschen Sport. Okay?"

Er lief voraus und alle ihm hinterher, außer Alex.

Er wartete, bis alle Mädchen und Jungen Herrn Heim gefolgt waren. Als niemand mehr zu sehen war, holte er Tims Handy aus dessen Rucksack heraus. Alex wusste, dass man nach den Schulregeln sein Handy ausgeschaltet in der Tasche lassen musste, damit es nicht im Unterricht störte. Mobiltelefone waren in der Schule zwar erlaubt, aber nur für den Notfall. Man durfte sie nicht in der Hosentasche oder in der Jackentasche haben.

Mit Tims Handy in der Hosentasche rannte Alex schnell weg, ohne dass ihn jemand sah. Als Tim zurückkam, schaute er, ob sein neues Handy noch da war. Plötzlich klingelte es und er konnte nicht mehr danach suchen. Die erste Hofpause begann und alle rannten raus in den Hof.

Alex suchte seinen besten Freund Robin, um ihn zu fragen, ob er ihm helfen würde, Tim noch viel mehr als bisher zu mobben. Er wollte ihn bloßstellen und ihn auf dem Nachhauseweg verfolgen. Denn Alex dachte: „Wenn ich Tim fertigmache, wird er am Ende auf Sarah verzichten. Dann kann ich sie haben."

Alex war so von seiner eigenen Idee begeistert, dass er gleich seinen Freund Robin fragte, ob er sich beteiligen würde.

Robin sagte zu ihm: „Ich überlege es mir noch."

Alex antwortete darauf: „Dabei springt auch was für dich raus."

Robin grinste und ging weg. Nun fing der Unterricht wieder an.

Robin überlegte die ganze Zeit im Unterricht, ob er beim Mobbing weiterhin mitmachen sollte oder nicht. Die Vorteile wären, dass er seinem Freund zur Seite stand und ihm dadurch beweisen konnte, dass es eine richtige Freundschaft war. Und der Nachteil war, dass sie vielleicht großen Ärger bekommen würden. Die Lehrerin merkte, dass Robin nicht richtig am Unterricht teilnahm.

Deshalb sprach sie ihn an: „Robin, warum bist du so abgelenkt, stimmt irgendetwas mit dir nicht?"

Robin sagte: „Es ist alles okay, danke für die Nachfrage."

Nun ging die Lehrerin wieder nach vorne und setzte den Unterricht fort.

Als die zweite Hofpause anfing, sagte Robin zu seinem Freund: „Ich bin dabei."

Nun schaute Tim nach seinem Handy, er suchte und suchte, aber er fand es nicht. Als die Klassenlehrerin wieder hereinkam, rannte Tim zu ihr und sagte aufgeregt: „Mein Handy ist geklaut worden."

Darauf antwortete Frau Meyer: „Dann lass dein Handy gefälligst zu Hause. Aber ich helfe dir natürlich es zu finden."

Sie fragte die Klasse: „Tim vermisst sein Handy, weiß jemand zufälligerweise, wo es sein könnte?"

Aber niemand meldete sich. Tim war enttäuscht: Gleich am ersten Tag, an dem er sein Handy mit in die Schule nahm, war es weg. Wie sollte er das nur seiner Mutter erklären?

Als die Schule endlich zu Ende war, fuhr er auf direktem Weg nach Hause mit einem Kribbeln im Bauch. Die Mutter war zuerst sprachlos und schockiert, dann fragte sie ihn: „Wie konnte das passieren?"

Tim antwortete: „Wahrscheinlich wurde es mir geklaut, aber ich bin mir nicht sicher."

Tims Mutter sagte zu ihm: „Schau mal auf Facebook und allen Seiten, die du heruntergeladen hast, ob derjenige, der das Handy geklaut hat, schon Zugriff auf deine Seiten hat."

Tim überprüfte das auf seinem PC und teilte seiner Mutter erleichtert mit: „Dieser Depp hat es noch nicht auf meine Seiten geschafft."

Tim grübelte den ganzen Mittag, wer sein Handy haben könnte. Nach einiger Zeit kam ihm die Idee, dass er mehrere Personen über den PC anschreiben könnte. Dies machte er auch sofort.

Während Tim zuhause saß, befanden sich Alex und Robin in Alex' Zimmer und versuchten Tims Account bei Facebook zu hacken. Sie probierten viele Passwörter aus, aber keins davon war richtig. Dann fuhren sie mit der Straßenbahn zum Skatepark nach Feudenheim und versuchten ihren Kopf freizubekommen. Dort trafen sie zufällig Sarah, und Alex ging sofort zu ihr hin.

Er erkundigte sich: „Hallo, was machst du denn hier allein?"

Sie antwortete: „Ich warte auf Tim, wir haben uns hier verabredet. Wieso fragst du?"

„Nur so", entgegnete Alex.

Während er und Robin Skateboard fuhren, wartete Sarah geduldig auf ihren Freund Tim. Nach einer Weile kamen Alex und Robin wieder zurück und fragten: „Ist Tim immer noch nicht da?"

Sarah antwortete: „Nein, ist er nicht." Sie schaute auf ihr Handy: „Oh, er hat mir eine Nachricht geschickt. Ich gehe. Tschüss."

Auch Alex und Robin gingen nach Hause. Sie probierten weitere Passwörter aus, aber keins war richtig.

In der Schule fragte Alex am nächsten Tag Tim: „Was magst du gern?"

Tim war überrascht und fragte zurück: „Wieso willst du das wissen?"

Alex antwortete: „Man kann doch mal miteinander reden."

Tim schaute ihn kritisch an und gab Auskunft: „Ich mag Autos, schnelle Autos. Und du?"

Alex grinste und sagte: „ Mein Hobby ist Zocken."

In der Klasse ging es in der 5-Minuten-Pause zur Sache. Zwei Jungen stritten sich heftig. Tim bemerkte zu Sarah: „Ich finde das voll kindisch für Achtklässler, und du?"

Sarah blickte ihn an und nickte.

Als die Lehrerin das Zimmer betrat, sah keiner sie hereinkommen. Sie legte ihre Lehrertasche ab und schrie laut: „Jeder auf seinen Platz!"

Frau Meyer war enttäuscht von ihrer Klasse und sagte: „Wieso könnt ihr euch nicht einmal vertragen?"

Sarahs Freundin Tessa sagte: „Sie wissen doch, wie unsere Klasse ist."

„Ja, ich weiß, wie ihr seid", antwortete Frau Meyer. Nachdem der Streit aus der Pause geklärt war, begannen sie mit dem Englischunterricht. Doch sie hatten schon viel Zeit vertrödelt, so dass die Unterrichtsstunde bald zu Ende war. Frau Meyer ging genervt ins Lehrerzimmer und ihre Klasse nach draußen.

Im Schulhof schlenderten Sarah, Tessa und Tim zu ihrem Lieblingsplatz, dort aßen sie ihre Brote und redeten über die Schule. Nach 20 Minuten mussten sie wieder ins Klassenzimmer, sie hatten Mathe mit Herrn Ding. Da Alex die ganze Zeit mit seinem Sitzpartner redete und nicht wusste, welche Aufgaben gerade bearbeitet wurden, forderte ihn Herr Ding auf: „Alex, lies mal bitte die Aufgabe Nummer acht vor."

Alex stotterte und sagte: „Okay."

Er suchte mit rotem Kopf nach der richtigen Stelle im Buch.

Herr Ding meinte: „Wusste ich es doch, du hast mal wieder nicht zugehört, Alex." Alle schauten Alex an und lachten ihn aus. Nun machte Herr Ding weiter mit seinem Unterricht.

Dann musste die Klasse zur Sporthalle laufen. Auf dem Weg dorthin sahen sie, wie plötzlich ein älterer Mann auf dem Gehweg zusammenbrach und zu Boden stürzte. Er bewegte sich nicht mehr. Tessa holte schnell ihr Handy heraus und rief den Notarzt. Bis dieser kam, hatte Tim den Mann schon in die stabile Seitenlage gebracht, denn er war an seiner alten Schule als Schulsanitäter ausgebildet worden. Der Notarzt versorgte dann den Mann, dieser wurde ins Krankenhaus gebracht.

Aufgeregt erzählten die Schüler alles ihren Sportlehrern. Diese waren stolz auf Tim und Tessa, weil sie so schnell reagiert hatten. „Es ist toll, dass ihr einem Mann in Not geholfen habt", lobten sie die beiden.

Nun konnten sie endlich mit dem Sportunterricht anfangen. Die Lehrerin machte mit den Mädchen Akrobatik, Herr Heim spielte mit den Jungen Fußball.

Nach Schulschluss ging Sarah mit Tim nachhause. Sie unterhielten sich in der Bahn über die vielen Mathe-Hausaufgaben. Als sie in Seckenheim vor Tims Haus standen, machte die Mutter ihnen die Tür auf. Sie sagte: „Ach, kommt doch rein, ich mache gleich Essen für euch. Okay?"

„Alles klar", antworteten die beiden. Bis dahin gingen sie in Tims Zimmer und hörten Musik.

Alex und Robin waren bei Alex zuhause und versuchten den Facebook-Account von Tim zu hacken. Da sie nun wussten, dass Tim schnelle Autos toll fand, probierten sie Automarken als Passwörter aus. Sie fingen an mit Porsche. Alex ärgerte sich: „Mist, das passt nicht." Sie machten weiter mit Ferrari, doch der war es auch nicht. Sie probierten noch Bugatti und Maserati aus. Aber kein Wort passte.

Nach diesen Versuchen sagte Robin zu Alex: „Wir finden das Passwort niemals raus. Lass uns aufhören."

Alex antwortete: „Du musst Geduld haben, wir bekommen das Wort schon raus."

Robin saß gelangweilt da und schaute Alex zu. Er meinte: „Wenn du nicht bald das richtige Passwort findest, sperrt Facebook den Account. Die wissen dann nämlich, dass eine andere Person sich einloggen will. Und ich muss auch langsam mal gehen, ich will nicht den ganzen Tag verschwenden."

Alex protestierte: „ Halt, warte bitte, bleib hier! Ohne dich schaffe ich die ganze Sache nicht!"

Robin dachte verwundert: „Alex hat mich noch nie so höflich gefragt."

Er lenkte ein: „Na gut, ich bleibe da, aber ich will schnell fertig werden." Alex nickte, beide überlegten weiter.

Schließlich schlug Robin vor: „Tim mag doch Autos, schnelle Autos, wir können mal BMW probieren."

Alex versuchte das sofort und landete einen Volltreffer. Allerdings hatte Tim nicht einfach BMW als Passwort gewählt, sondern „bayerischemotorenwerke".

Als sie endlich im Account von Tim drin waren, fingen sie an diesen zu verschmutzen. Dabei fanden sie Bilder von Tim und

Sarah. Alex wurde richtig wütend und stellte alle möglichen Texte hinein, wie z.B.: *„Meine Mutter kann mich mal", „Der Freund meiner Mutter ist assi drauf, der säuft jeden Tag einen Kasten Bier", „Meine Mutter qualmt wie ein Kamin beim Rauchen".*

Alex fragte Robin: „ Hast du schon ein paar peinliche Fotos auf Tims Handy gefunden?"

„Ja, hab' ich", antwortete Robin, „ein Bild ist voll peinlich, da ist er als Baby nackt."

Sie suchten das Bild auf Tims Handy und stellten es ins Netz. Alex sagte: „Jetzt kann es jeder sehen." Er lachte: „Was wohl die anderen sagen werden, wenn sie das Bild sehen? Ich freue mich schon. Jetzt findet ihn bestimmt kein Mädchen mehr cool, weil er aus einem Porsche aussteigt."

Robin nickte und sagte: „Wenn man das Bild sieht, muss man über Tim lachen." Beide brachen in Gelächter aus und machten gleich weiter.

Sie bekamen sogar schon Nachrichten von Klassenkameraden. Die schrieben: „Tim, was ist denn mit dir los?"

Als Alex und Robin das lasen, waren sie froh, ihr Plan war erfolgreich gewesen. Auf einmal kamen immer mehr Nachrichten. Alex freute sich, als die anderen Leute schrieben. Er sagte: „Tim ist jetzt dran. Er hat mir Sarah weggenommen. Das hat er davon."

Nun verwendeten sie noch Spaßvideos, auf denen Tim tat, als ob er betrunken wäre. Diese Bilder fanden sie auf Tims Handy, das Alex gestohlen hatte. Als sie alle Kommentare und Fotos gespeichert hatten, konnte dies jeder sehen, der mit Tim auf Facebook befreundet war. Damit Tim nichts löschen konnte, änderten Alex und Robin zum Schluss das Passwort. Danach beschlossen die zwei Freunde peinliche Bilder von Tim ins Internet zu stellen, z.B. auf Youtube und Google.

Am nächsten Tag, als Tim in die Schule kam, schauten ihn alle komisch an.

Sarah ging auf ihn zu und fragte: „Was soll das?"

Verwundert antwortete Tim: „Was denn?"

„Dein Facebook-Profil. Warum stellst du so eine Scheiße rein?"

Sarah zeigte ihm auf ihrem Handy sein Profil auf Facebook, Tim staunte. Er sagte: „Das war ich nicht, das war bestimmt derjenige, der mein Handy geklaut hat." Er ballte die Fäuste: „Wenn ich denjenigen in die Finger bekomme, erhält er eine gerechte Strafe."

Sarah rätselte: „Aber wer könnte es geklaut haben?" Sie hatte denselben Verdacht wie Tim, doch beide konnten nicht beweisen, dass Alex der Täter war.

Nach der Schule gingen Tim und Sarah nach Ilvesheim ins Eiscafé „Leone". Dort versuchte sich Tim auf Sarahs Handy bei seinem Facebook-Account einzuloggen, aber es klappte nicht. Er versuchte es erneut, doch es funktionierte immer noch nicht. Sarah wollte ihm helfen, sie hatte ebenfalls keinen Erfolg.

„Was ist denn auf einmal los, wieso funktioniert denn nichts mehr?", rief Tim wütend.

Er und Sarah überlegten lange, wer der Verursacher sein könnte. Sie erinnerten sich noch einmal an alle Ereignisse der letzten beiden Tage. An dem Tag, als sie Herrn Heim zur Vertretung hatten, war das Handy noch da und danach nicht mehr. Tim sagte: „ Es muss mir irgendjemand geklaut haben, als wir mit Herrn Heim Sport hatten, aber wer war das?"

Sie überlegten, wer der Täter sein könnte, doch sie hatten keine Beweise. Als sie das Eis gegessen hatten, gingen sie nachhause.

Alex und Robin trafen sich ebenfalls nach der Schule. Sie überlegten, wie sie den Fake-Account noch schlechter gestalten könnten. Alex stellte weitere peinliche Bilder von Tim hinein. Er hatte ja noch viele Bilder vom Schullandheim. Mehrere Fotos zeigten den Flur im Schindlerhaus, als Tims Unterwäsche überall herumlag und die Mitschüler sich deshalb fast totlachten. Außerdem stellten sie schlimme Texte über Tims Familie in den Status, zum Beispiel: *„Ich finde, meine Mutter ist eine Schlampe, ihr Freund hockt nach der Arbeit in der Kneipe, säuft und zockt, mei-*

ne Mutter ist nicht fähig ein gescheites Mittagessen zu kochen, sondern sie sitzt mit ihren Tussis am Esstisch und quatscht."

Danach verschickten sie schlechte Kommentare und Fotos. Alex und Robin machten das sehr geschickt, sie schrieben Kommentare über sich selbst, dass man dachte, Tim hätte sie verfasst. Zum Beispiel schrieben sie den Satz: *„Robin popelt während der Deutschstunde in der Nase, Alex versucht jedes Mädchen anzubaggern mit dem Spruch: „Hey, deine Augen glänzen so wie der Mond, heute siehst du echt heiß aus."* Zudem formulierten sie Kommentare über andere Mitschüler und Lehrer, zum Beispiel, dass Frau Meyer dumm wäre. Und über Sarah äußerten sie, sie sei eine blöde Kuh und hässlich.

Am nächsten Tag kam Sarah in der Schule zu Tim und sagte: „Erstens bin ich nicht hässlich und zweitens keine blöde Kuh."

Darauf antwortete Tim: „Was ist denn mit dir los? Hast du es wieder vergessen, mein Account wurde doch gehackt! Das hab' ich nicht über dich geschrieben."

Sarah antwortete: „Sorry, ich habe es ganz vergessen. Tut mir leid."

Als die Klassenlehrerin mit fünf Minuten Verspätung endlich eintraf, fragten Tim und Sarah sie sofort, ob sie in der Pause im Klassenzimmer bleiben dürften.

Darauf fragte die Lehrerin erstaunt: „Wieso wollt ihr nicht in den Hof gehen?"

„Weil wir gern schauen wollten, ob hier im Klassenzimmer vielleicht Tims Handy liegt." Darauf sagte Frau Meyer: „Ich bleibe aber mit euch im Zimmer, ich will nur sichergehen, dass ihr auch nichts anderes macht."

Tim und Sarah bedankten sich bei ihr. In der Pause meinte die Lehrerin: „Ihr seid schön brav, ich hole mir nur schnell einen Kaffee."

Die zwei nickten, die Klassenlehrerin ging weg. Das nutzten beide aus und durchsuchten alle Rucksäcke, doch sie hatten keinen Erfolg. Tim musste nur noch eine Tasche durchsuchen. Sarah hielt vor der Tür Ausschau nach Frau Meyer. Als diese um die Ecke kam, rannte Sarah zu Tim hinein und rief: „Achtung!" Darauf ließ Tim alles liegen und beide taten so, als wäre nichts gewesen. Als die Lehrerin den Raum betrat, war sie erst misstrauisch, weil eine Tasche ganz offen stand.

Sie fragte die beiden: „Habt ihr auch nichts angestellt?"
Sie antworteten: „Wieso fragen Sie?"
Aber Frau Meyer schöpfte keinen Verdacht.

Nach ein paar Stunden war die Schule endlich vorbei und es war Wochenende. Tim sagte: „Jetzt hat der Täter genug Zeit, um in meinem Account dummes Zeug anzustellen." Er ging nervös nachhause.

Auch Alex ging heim und marschierte schnurstracks in sein Zimmer, wo er im Kleiderschrank Tims Handy versteckt hatte. Da Alex in seinem Zimmer auch einen PC hatte, ging er anstatt über Tims Handy über seinen eigenen PC auf Tims Account. Alex' Mutter kam gerade von der Arbeit nachhause und betrat das Zimmer ihres Sohns. Alex hatte Glück, dass seine Mutter anklopfte, so konnte er noch rechtzeitig das Handy von Tim verstecken.

Als seine Mutter reinkam, fragte sie: „Und wie war dein Schultag heute?"
„Er war ganz gut. Was gibt es heute eigentlich zum Essen?"
Sie sagte: „Dein Lieblingsessen, Spagetti bolognese."
„Danke."
„Komm bitte in fünfzehn Minuten zum Essen."
„Ist okay."

Alex machte die Tür zu und arbeitete die restlichen fünfzehn Minuten an dem Fake-Account weiter. Beim Essen wollte die Mutter wissen, wie es dem Neuen in Alex' Klasse ging. Doch da Alex und Robin Tim mobbten, wollte Alex von dem Thema Tim ablenken. Da Alex gut im Erfinden von Ausreden war, merkte seine Mutter nicht, dass er vom Thema abwich. Nach fünf Minuten redeten sie schon über eine ganz andere Angelegenheit. Alex vergaß, dass er seine Mutter schon zum zweiten Mal fragte, wie ihr Tag gewesen war.

Darauf antwortete die Mutter: „Er war gut, und deiner?"
„Super."
Nach dem Gespräch ging Alex sofort in sein Zimmer. Er merkte noch nicht mal, dass er vergessen hatte seinen Teller wegzuräumen.
Die Mutter rief ihm hinterher: „ Alex, normalerweise räumst du deinen Teller doch in die Spülmaschine!"
Darauf kam Alex heruntergerannt und sagte: „Ist okay!"
Er saß zwei Stunden nur noch in seinem Zimmer und unternahm nichts mehr, das wunderte die Mutter.
Daher beschloss sie einen Ausflug mit Alex zu planen. Ihr Sohn wusste natürlich nichts davon. Auf einmal kam die Mutter in sein Zimmer geplatzt und rief: „Heute unternehmen wir mal etwas zusammen!"
Alex erschrak und zuckte zusammen. Er fragte: „Wieso und wohin?"
„Wir machen mal einen Ausflug in den Luisenpark, weil du nur noch in deinem Zimmer sitzt und nichts unternimmst. Komm in zehn Minuten!" Seine Mutter ging wieder nach unten.
Alex dachte empört: „Oh nein, ich hab' keinen Bock und will mit Tims Account weitermachen. Aber wenn ich jetzt nein sage, stellt meine Mutter nur viele dumme Fragen. Irgendwann verrate ich mich und sie bekommt heraus, was wir mit Tim machen. Dann gibt es eine Menge Ärger. So ein Mist, ich muss wirklich heute in diesem blöden Park herumlaufen! Ich bin doch kein Baby mehr! Was hat meine Mutter bloß für dämliche Einfälle! Aber ich könnte Robin anrufen, ob er vielleicht neue Dinge in Tims Account hineinstellt."
Sofort schrieb Alex an Robin, ob er Tims Account allein bearbeiten könnte. Dann teilte er seiner Mutter mit: „Ich möchte bei Robin vorbeifahren und ihm meinen Laptop bringen." „Ist okay", meinte sie. Alex gab seinem Freund den Laptop und darunter versteckt auch das Handy von Tim.
Nachdem die Mutter den Parkeintritt bezahlt hatte, marschierten sie zur Freizeitwiese. Dort packte die Mutter ein Picknick aus.

Beide ließen sich das Essen schmecken. Die Mutter fragte: „Wie findest du den neuen Mitschüler in deiner Klasse?"

„Er ist ein kleiner Angeber."

Lachend antwortete die Mutter: „Nicht alle Menschen können so perfekt sein, wie du es willst."

Dann schauten sie sich im Pflanzenschauhaus die tropischen Pflanzen, die Reptilien und die zahlreichen Aquarien an.

Die Mutter fragte Alex: „ Wie gefällt es dir hier? Jetzt kommst du endlich mal aus deinem Zimmer heraus."

„Es ist voll langweilig, können wir wieder gehen?"

Enttäuscht setzte sich die Mutter auf eine Bank. Alex wollte sich nicht mit ihr unterhalten, er wollte auch nicht länger im Luisenpark bleiben, sondern lieber an Tims Account weiterschreiben. Seine Mutter verließ mit ihm den Park, die beiden gingen zum Auto. Die Mutter wollte wissen, was Alex die ganze Zeit über im Zimmer machte. Aber Alex sagte nichts darüber und wich ihr mit einer Ausrede aus. Er war daran gewöhnt, dass er zum Schluss immer seinen Kopf durchsetzen konnte, wenn er lange genug stur blieb. Irgendwann gaben seine Eltern auf, wenn sie eine andere Meinung als er hatten. Alex' Lehrer meinten, er sei ziemlich egoistisch und verwöhnt.

Zu Hause angekommen, ging Alex sofort wieder in sein Zimmer. Seine Mutter war enttäuscht, sie legte sich auf das Sofa und schlief ein. Alex schrieb gleich seinem Freund Robin, dass er ihm den Laptop und Tims Handy so schnell wie möglich vorbeibringen sollte. Robin machte sich gleich auf den Weg und betrat schon nach einer halben Stunde Alex' Zimmer. Er machte die Tür hinter sich zu.

Alex fragte ihn: „Wie viel hast du geschafft?"

„Eigentlich sehr viel, wieso?"

„Ich wollte nur fragen."

Alex und Robin bearbeiteten den Account weiter. Danach gingen die beiden zu Robin nachhause.

Sarah kam am nächsten Tag zu Tim und berichtete, dass der Täter, der sein Handy geklaut hatte, wieder zugeschlagen hätte.

Tim erkundigte sich: „Was hat er denn angestellt?"
„Er hat noch mehr peinliche Kommentare über dich geschrieben und peinliche Fotos reingestellt. Es ist eine Unverschämtheit: Wir beide sind in dem Tretboot auf dem Mummelsee zu sehen und der Täter hat unsere Köpfe abgeschnitten und stattdessen Tierköpfe auf unsere Körper gesetzt. Außerdem gibt es ein Bild, als wir uns küssen. Der Täter hat dazu den Kommentar geschrieben: *Tim überträgt Ebola-Viren.* So kann das nicht weitergehen!"

Als es zur Pause klingelte, holte Sarah heimlich ihr Handy heraus und zeigte Tim die Bilder.

Als Tim das sah, war er geschockt: „Oh, mein Gott, wer kann mir so etwas antun, wer macht so was?"

„Wenn wir das nur wüssten! Ich verdächtige ja Alex, aber ich kann es nicht beweisen", ärgerte sich Sarah. „Ich traue ihm das zu, weil er schon mal so etwas bei einem Mädchen gemacht hat. Da hat es leider kein Lehrer herausbekommen. Aber ich hoffe, dass wir ihn dieses Mal erwischen. Wenn wir ihm eine Lektion erteilen, macht er es vielleicht nicht wieder. Alex will einfach nicht akzeptieren, dass ich dich mag und nicht ihn. Er denkt, er ist der große Boss in der Klasse und alle müssen tun, was er will. Aber ich lasse mir von ihm nicht vorschreiben, wen ich liebe."

„Oh ja, du hast recht", antwortete Tim. Als sie dieses Gespräch beendet hatten, war die Pause vorbei, sie gingen wieder ins Klassenzimmer.

Alex hatte sich mittlerweile etwas Neues ausgedacht: Er wollte Tim und Sarah in der folgenden Woche auspionieren, um ihnen noch mehr schaden zu können. Als Tim nachhause fuhr, lief ihm Alex nach. Tim bemerkte nichts, denn Alex hielt einen großen Abstand ein. Plötzlich bemerkte Alex, dass Tim nicht heimfuhr nach Seckenheim, sondern zu Sarah ging. In diesem Moment platzte Alex fast vor Wut. Er dachte: „Dieser Wichser, erst freundet er sich mit Sarah im Schullandheim an und dann bleiben die beiden auch noch danach zusammen!"

Alex wäre am liebsten sofort auf Tim losgegangen, aber das tat er nicht, weil sonst alles aufgeflogen wäre. Er rief Robin an, dass er Tim und Sarah mit ausspionieren sollte. Alex rief an: „Piep, piep!" Keine Antwort! Er wollte am liebsten vor Wut sein Handy auf den Boden werfen und es in Grund und Boden treten.

Alex rief Robin nochmals an: „Piep, piep!"

Endlich hörte er Robins Stimme: „Hallo?"

Alex fauchte: „Alter, wo warst du?"

Robin meinte verwundert: „Ich war zuhause, nur mein Akku war leer. Was ist los, warum bist du so aggro?"

Alex wollte wissen: „Hast du was Neues über Tim oder Sarah gehört?"

Robin überlegte: „Ja, Tim hat ein neues Handy bekommen und Sarah hat erzählt, sie hat sich auf einer Spieleseite namens „MiniClip" registriert."

Alex war zufrieden: „Echt? Geil! Danke, Alter! Wir sehen uns morgen in der Schule!"

Dort startete Alex einen Versuch, die Wohnung von Tim auszuspionieren. Er passte Tim im Klassenzimmer ab und fragte mit seinem freundlichsten Gesicht: „Ich wollte dich bitten, ob du mir bei den Deutsch-Hausaufgaben helfen kannst. Die Grammatik verstehe ich einfach nicht."

Tim wusste nicht, ob es nur ein Trick von Alex war, aber er hatte ein ganz seltsames Gefühl. Alex hatte ihn schon so oft geärgert und nun wollte er etwas von ihm? Aber vielleicht war das auch eine Gelegenheit, um herauszufinden, ob Alex für den Fake-Account verantwortlich war und das Handy gestohlen hatte. Wenn Sarah dabei war, konnte eigentlich nichts passieren, dann waren sie zu zweit gegen einen.

Alex erkundigte sich liebenswürdig: „Hey Tim, kann ich heute zu dir kommen?"

Tim antwortete: „Um 18:00 Uhr."

Alex meinte: „O.k., ich glaube, ich habe da Zeit."

Er freute sich schon aufs Durchsuchen von Tims Wohnung. Tim meinte noch: „Komm ja nicht zu spät!"

Alex grinste zurück, aber dieses Grinsen wirkte böse und glücklich zugleich.

Robin rief Alex an: „Hallo, Alex?"
Alex antwortete: „Ja?"
Robin wollte wissen: „Hast du Infos über Tim und Sarah?"
Alex erwiderte: „Nein, aber ich gehe heute zu Tim."
Robin freute sich: „Super! Halte mich auf dem Laufenden. Bye, bye!"
Als Alex bei Tim läutete, war er völlig überrascht. Er hatte nicht damit gerechnet, dass Sarah bei ihrem Freund war.
Tim fragte: „Hast du alle Deutschsachen dabei?"
Alex antwortete: „Ja!"
Tim meinte: „O.k., dann lass uns mal anfangen."
Sarah sagte nichts, sie hatte schon so eine Ahnung, so ein merkwürdiges Gefühl, eine Mischung aus Misstrauen und Angst. Sie machten die Hausaufgaben fertig und Alex ging unzufrieden nachhause. Er traf Robin am nächsten Tag und erzählte ihm von dem Abend, als er bei Tim war. Er sagte ihm, er hätte keine Chance gehabt, die Wohnung zu durchstöbern, weil alles so schnell ging.

Ein paar Stunden später klingelte Alex' Handy wieder. Er ging ran: „Hallo?" Erst kam keine Antwort, dann merkte er, dass es Robin war.

Robin sagte ganz lässig: „Hi, lass uns mal Tim und Sarah stalken, die haben sich heute um 19:40 Uhr verabredet am Jugendhaus Herzogenried. Sei früher da, damit wir sie kommen sehen!"

Alex erwiderte: „Ja, o.k."
Als Alex aufgelegt hatte, ging er mit einem guten Gewissen in sein Zimmer. Er zog sich etwas Dunkles an, aß eine Kleinigkeit, danach sagte er: „Tschau, Mama!"
Seine Mutter erwiderte: „Tschau, Alex. Bleib nicht so lange draußen!"

Nun machte er sich auf den Weg zum Jugendhaus. Es war schon dunkel. Alex fuhr mit der Straßenbahn und dem Bus von der Mannheimer Innenstadt zum Jugendhaus Herzogenried. In dieser Zeit hatte er seine Ohrstöpsel im Ohr und hörte Dubstep.

Als er endlich bei den Hochhäusern am Park angekommen war, wo sich das Jugendhaus befand, sah er Robin vor der Tür warten. Robin bemerkte nicht, dass Alex da war, nun rannte Alex auf Robin zu. Alex stöpselte seine Kopfhörer wieder aus, er flüsterte Robin zu: „Hey, psst, Robin!"

Robin antwortete: „Oh hallo, wir müssen uns unauffällig verhalten!" Sie schlichen sich zum Eingang und versteckten sich hinter dichtem Gebüsch. Bald darauf sahen die beiden Tim und Sarah das Jugendhaus betreten. Diese unterhielten sich gut gelaunt und lachten laut. Sarah trug ein Top und schwarze Hosen, Tim seine Skaterkleidung. Aber er sah irgendwie süß aus. Beide passten gut zusammen und das störte Alex. Er wollte am liebsten Sarah von Tim losreißen und sie küssen.

Alex stürmte ins Jugendhaus wie ein Stier, sauer und wütend. Tim und Sarah drehten sich um und schauten ihn mit Angst an. Sie starrten sich eine Weile an und bemerkten, dass es Alex ernst meinte. Es war, als wenn beide Jungen einen Gedankenkampf durchführen würden. Sie wollten dasselbe Mädchen: Sarah! Weil sie klug, hübsch, verständnisvoll und intelligent war, fanden die zwei Jungen sie attraktiv. Alex und Tim stritten längere Zeit, Robin unterstützte seinen Freund.

Schließlich merkte Herr Kumle, einer der Mitarbeiter, was am Eingang passierte. Er war lässig gekleidet, besaß ziemlich lange Haare und einen Vollbart. Mit lauter Stimme sagte er: „Hey, Leute, chillt mal! Wenn ich euch noch einmal so laut schreien höre, fliegt ihr hier raus!"

Alle schauten beleidigt auf den Boden. Herr Kumle ging wieder. Es kehrte Ruhe ein. Robin meinte zu Alex: „Komm, wir zischen ab!" Sie verschwanden in der Dunkelheit.

„Ey, kann ich zu dir mitkommen?", wollte Robin wissen.

Alex erwiderte: „Nee, heute Abend erlauben es meine Eltern nicht." Robin meinte: „O.k.!" Beide fuhren nach Hause.

Alex ging in sein Zimmer und zog sich seinen Schlafanzug an, dieser war gemütlich und warm. Seine Mutter war in der Küche und räumte die Spülmaschine ein. Alex half ihr und sie machten gemeinsam einen Nudelsalat, denn Alex war sehr hungrig. Vor dem Schlafengehen schaute er noch alle Mails durch, aber wie fast immer gab es keine interessanten Nachrichten. Er deckte sich zu und schlief ein. Aber in der Nacht hatte er einen unangenehmen Traum von Sarah. Sie waren gemeinsam in der Stadt unterwegs, er wollte sie fangen, doch sie lief ihm immer weg.

Montags hatte Alex' Mutter Frühstück gemacht, aber er wollte nicht frühstücken, er hatte keinen Hunger. Er packte seine Schulsachen und schrieb Robin auf WhatsApp, dass er jetzt losginge. Sie trafen sich am Spielplatz und gingen zusammen zur Schule. Als sie ankamen, hatte der Unterricht schon begonnen. Alex dachte sich: „Scheiße! Frau Meyer wird mir bestimmt wieder Nachsitzen geben." Aber Robin dachte sich einfach ganz gechillt: „Egal, ich habe eh schlechte Noten." Sie gingen beide zum Klassenzimmer mit Herzklopfen, es war nun 7:58 Uhr, die Unterrichtsstunde hatte seit drei Minuten begonnen. Alex und Robin klopften an der Tür.

Alex sagte: „Entschuldigen Sie, Frau Meyer, dass wir zu spät gekommen sind."

„Ich trage euch trotzdem ins Klassenbuch ein", antwortete sie.

Alex meinte: „Wir versuchen nächstes Mal nicht zu spät zu kommen, Frau Meyer."

Robin und Alex setzten sich hin und alle schauten sie an, das fanden die beiden demütigend. Sie packten die Sachen aus und machten wie immer Quatsch im Englischunterricht.

Robin erzählte Alex kurz darauf, dass Tim in zwei Tagen Geburtstag hatte, und zwar am Wochenende. Beide Freunde machten sich Gedanken über diese besondere Gelegenheit. Dann beschloss Alex, dass er die Party von Tim stören wollte. Er musste sich etwas Cleveres einfallen lassen. Auf dem Facebook-Account von Tim verbreitete er einen Tag vor der Party die Nachricht, dass Tim eine ansteckende Krankheit hätte und die Party deshalb verschoben werden müsste.

Tim hatte zusammen mit Sarah sein Zimmer schön dekoriert und leckere Sachen zum Essen vorbereitet, er hatte auch viele

Getränke besorgt. Fröhlich wartete er auf seine Gäste. Es waren ein paar Jungen, die er noch aus der alten Schule kannte. Auch Tessa und zwei weitere Freundinnen von Sarah wollten kommen.

Sarah hatte sich extra hübsch gemacht. Sie kam eine Stunde früher, um Tim bei den letzten Vorbereitungen zu helfen. Schließlich war der Zeitpunkt da, die Gäste mussten kommen. Doch niemand erschien.

„Was ist bloß passiert?", fragte Sarah. „So unzuverlässig sind doch meine Freundinnen nicht!"

Es vergingen noch einmal 15 Minuten, immer war noch niemand da. „Ich rufe Tessa an, was los ist", meinte Tim schließlich. Er nahm sein Handy.

Doch Tessa war sehr erstaunt, als er anrief: „Aber du hast doch eine ansteckende Krankheit, steht auf deiner Facebookseite. Deshalb sind wir nicht gekommen."

„So ein Mist!", rief Sarah. „Weil ich so viel vorbereiten musste, war ich gestern und heute nicht auf Facebook. Ausgerechnet dann muss so etwas passieren!"

Tim fühlte sich, als würde ihm der Boden unter den Füßen weggezogen. Er hatte sich sehr viel Mühe mit den Vorbereitungen gegeben und nun war alles umsonst.

„Wenn ich nur rauskriegen würde, wer ständig diesen Quatsch in meinen Account stellt!", schrie er. „Ich könnte ihn umbringen!"

Sarah versuchte die Situation noch zu retten. Während Tim vor Wut und Enttäuschung die Tränen in den Augen standen, rief sie alle Eingeladenen an. Die meisten konnten trotzdem mit großer Verspätung kommen, aber die Stimmung auf der Party war gedrückt. Tim erlebte einen traurigen Geburtstag.

Kapitel 5

Tim war mittlerweile völlig mutlos. Das Mobbing durch Alex und Robin wollte kein Ende nehmen, egal, was er auch versuchte. Alleine konnte er das Problem nicht mehr lösen und auch Sarah war nicht imstande das Mobbing zu beenden. Wer konnte ihm in dieser aussichtslosen Situation helfen?

Schließlich fasste sich Tim ein Herz. Er wollte sich Hilfe holen. Doch er traute sich nicht, seiner Mutter die vielen Gemeinheiten von Alex offen zu erzählen. Er wollte ihr nicht weitere Sorgen bereiten, denn seine Mutter hatte immer wieder Streit mit ihrem neuen Partner Florian Seitz.

Tim ging zur Polizeiwache, die in der Nähe seiner Schule lag, und fragte nach, was er tun könnte. Ein Polizist sagte: „Tut mir leid, der IT-Spezialist ist gerade nicht da."

Enttäuscht fuhr Tim am späten Nachmittag mit dem Fahrrad zu Sarah und berichtete ihr, dass er erfolglos bei der Polizei war. „Mann, ich bin am Verzweifeln", klagte er ihr.

Sarah meinte: „Kannst du nicht irgendwie dein Passwort bei Facebook ändern?"

Tim flüsterte: „Man kann's ja mal versuchen, ne?"

Tim ging an Sarahs Laptop und versuchte sein Passwort zu ändern. Leider ohne Erfolg.

„Lass mich mal ran, ich kann das besser", sagte Sarah und schubste Tim weg vom Laptop.

Darauf sagte Tim: „Ich kenne mich besser mit IT aus als du! Das können eben Männer besser."

„Ja, ja. Ich lass' dich ja schon machen", lächelte Sarah Tim an.

Tim versuchte sein Passwort zu ändern, aber es funktionierte nicht. Auch Sarah versuchte die Kommentare auf Tims Facebook-Profil zu löschen, wieder vergeblich. „Egal, wir kümmern uns morgen darum."

Tim hatte seine Mutter vor dem Weggehen gefragt, ob er bei Sarah übernachten dürfte. Jetzt fragten beide Sarahs Mutter und diese willigte ebenfalls ein. Tim nahm Sarah in den Arm.

Es war schon spät abends und beide schliefen ein. Sarah wachte auf, weil sie laute Geräusche hörte. Sie bemerkte, dass irgendjemand Steine gegen ihr Fenster warf. Tim schlief tief und fest in Sarahs Bett, ohne auch nur einen Mucks von sich zu geben. Sarah schlich zum Fenster, um zu schauen, was das für eine mysteriöse Gestalt war, die Steine gegen ihr Fenster warf. Sie machte das Fenster auf, aber niemand war zu sehen. „Was ist das für ein Spast gewesen, bitteschön?!", flüsterte Sarah leise, weil sie Tim nicht aufwecken wollte. Sie legte sich wieder zu Tim in ihr Bett und versuchte weiterzuschlafen.

Nach ein paar Minuten hörte sie erneut diese Geräusche. „Boah, wer ist das?! Ist der behindert oder so?!" Sie schlich sich zum Fenster und machte es auf. Wieder war niemand zu sehen.

Doch plötzlich hörte sie jemanden: „Sarah!! Ich muss mit dir reden."

Sie schaute sich um, aber keiner war zu sehen. Ängstlich fragte Sarah: „Wer bist du? Wo bist du überhaupt?! Woher kennst du meinen Namen?!"

Aus einem Busch hörte sie wieder diese Stimme: „Sarah, ich muss dir was gestehen. Es ist egal, wer ich bin und woher ich dich kenne."

„Aber... Irgendwoher kenn' ich deine Stimme, woher nur?", fragte Sarah mit zitternder Stimme.

„Ist egal. Ich muss dir etwas sagen. Ich glaube, ich liebe dich."

Sarah wurde ganz mulmig zumute. Sie überlegte, wer es sein könnte. Irgendwoher mussten sie sich ja kennen. „Irgendwie kenne ich die Stimme, aber ich bin mir nicht so ganz sicher, wer es sein könnte", dachte sie sich. Nach einer Weile antwortete sie: „W-Wie? Wer bist du?"

Sarah zitterte, weil sie Angst hatte. „Woher kennst du mich? Wie kannst du mich lieben, wir kennen uns doch gar nicht?", fragte sie ängstlich. „Hallo? Noch da?"

Dann kam Sarah eine Idee: „Könnte das Alex sein, der mich mitten in der Nacht besuchen will? Hat er mir etwa die ganze Zeit aufgelauert?"

Tim wachte auf. „Mit wem redest du?"
„Ach, mit niemandem. War wahrscheinlich nur eine Einbildung."
„SARAAAH! Sag es jetzt!", rief Tim wütend.
„Lass uns wieder schlafen gehen. Ist doch nichts passiert", beruhigte ihn Sarah.
„Na gut, ich will mal nicht so sein", meinte Tim.
Sarah legte sich wieder zu Tim in ihr Bett und mummelte sich in die Decke. Beide schliefen ein.
Als sie wieder aufwachten, stand Sarahs Vater vor ihnen und sagte wütend:
„Was soll das hier jetzt?! Hat der Typ hier geschlafen? Sarah, das wird Folgen für dich haben. Fräulein, das sage ich dir!"
Sarahs Vater verdiente als Leiter einer Bankfiliale genügend Geld, dass er sich ein Haus in der Mannheimer Oststadt leisten konnte. Er war stolz auf seine kluge und hübsche Tochter. Es gefiel ihm überhaupt nicht, diesen Jungen in Sarahs Bett zu sehen.
„Mist, das hat mir gerade noch gefehlt, dass mein Vater so einen großen Stress macht. Ich wollte ihn nicht verärgern, aber ich fühle mich einfach bei Tim sicher. Und zurzeit geht es mir sowieso nicht gut, weil es ständig Probleme gibt", dachte sich Sarah, während ihr Vater sprach.
„Aber Papa, jetzt warte doch mal! Tim musste hier schlafen! Ich hab' ihm doch nur geholfen bei seinen Problemen", meinte Sarah.
„Na gut. Dieses eine Mal noch, aber spätestens in einer Stunde ist er weg, klar?"
„Klar."
Tim schnappte sein Fahrrad, verabschiedete sich von Sarah und ihrem Vater, denn die Mutter war schon auf dem Weg zur Arbeit. An diesem Tag hatten er und Sarah ausnahmsweise keinen Unterricht, denn die Lehrer führten einen Pädagogischen Tag durch. Tim fuhr zur Polizei. Es dauerte eine Weile, bis er mit dem Fahrrad dort angekommen war. Er schloss sein Rad am

Fahrradständer an und klingelte. Als er eingelassen worden war, fragte er den Beamten im Eingangsbereich:

„Ist der Spezialist fürs Internet gerade da?"

Der Polizeibeamte wunderte sich: „Was hast du denn für ein Problem?"

Tim antwortete: „Ich war gestern schon hier, aber der IT-Spezialist war nicht da. Bei mir gibt es ein großes Problem mit Cybermobbing."

„Ach so, ich verstehe", antwortete der Polizist, „ich hole schnell meinen Kollegen."

Tim schaute sich um und wartete.

„Da bin ich, was ist los?", fragte der Beamte, als er zur Tür hereinkam.

„Mein Account wurde gehackt und ich kann mein Passwort nicht mehr ändern, was kann ich tun?", wollte Tim wissen.

„Kannst du wirklich nicht dein Passwort ändern?"

„Nein, die Täter haben anscheinend auch meine E-Mail-Adresse geändert, weil keine E-Mail ankommt. Können Sie mir irgendwie helfen?"

„Hm, ich habe im Moment gerade keine Zeit, weil ich einen dringenden Fall bearbeiten muss. Aber ...." Doch der Polizeibeamte konnte seinen Satz nicht mehr beenden.

„Super. Nee, passt schon, das ist jetzt egal", murmelte Tim und verließ enttäuscht die Polizeiwache.

Sein Handy klingelte. „Ja?"

Sarah war dran: „Hast du Erfolg gehabt? In deinem Profil stehen schon wieder neue Gemeinheiten über uns beide und über die anderen in der Klasse."

Tim seufzte: „Leider nein, der IT-Experte hat gerade keine Zeit."

Sarah fragte: „Können wir uns irgendwo treffen?"

„Ja klar, am Spielplatz?"

„O.k., geht klar." Sarah holte ihr Fahrrad raus und fuhr auf dem schnellsten Weg zum Spielplatz in der Nähe der Schule. Sie dachte nur noch an die vielen Mobbingattacken und knallte voll gegen eine Laterne. „Autsch. Da achtet man einmal nicht auf den Weg und knallt gleich irgendwo dagegen." Sie stand wieder auf, nahm ihr Fahrrad und fuhr so schnell wie möglich zum Spielplatz, wo Tim auf sie wartete.

„Sarah, da bist du ja endlich", rief Tim, „ist irgendetwas passiert oder warum kommst du so spät?"

„Nee, alles o.k.", antwortete sie Tim. „Mann, was sollen wir machen?! Der Typ schreibt die ganze Zeit behinderte Kommentare über unsere Freundschaft und du kannst sie nicht löschen. Ist doch Scheiße, ganz ehrlich."

Sarah fing heftig an zu schluchzen. Tim erschrak. Er legte zärtlich seinen Arm um Sarahs Schultern und drückte sie dann fest an sich. Dabei spürte er, wie stark sie zitterte.

„Hey, Sarah. Beruhige dich, bitte. Alles wird wieder gut, verstanden?", redete Tim mit leiser Stimme auf seine Freundin ein.

„Aber..."

„VERSTANDEN?!"

„Ja..." Tim atmete auf, denn Sarah hörte nach einiger Zeit auf zu weinen.

„Es fängt an zu regnen. Wir fahren lieber zu mir nach Hause", schlug er vor.

Tim gab Sarah seine Jacke. Beide nahmen ihre Fahrräder und fuhren nach Seckenheim. Dabei kamen sie an Alex' Haus vorbei. Alex schaute genau in dem Moment nach draußen.

„Was?! Was soll das jetzt hier?! Irgendwann.. irgendwann ist der Typ dran. Sarah ist mein Mädchen, das ich liebe. MEINS, nicht das von Tim."

„Alex, es gibt Essen", rief Alex' Mutter aus der Küche.

„Ja, Mutti. Ich komm' ja schon", erwiderte er.

„Boah... Warum nerven mich alle?!", fragte sich Alex. „Kann ich es irgendwie schaffen, dass sich Sarah doch noch für mich interessiert? Und gibt es eine Möglichkeit, dass ich Tim endlich, endlich aus dem Weg räumen kann? Mir wird schon schlecht, wenn ich diesen Typ von weitem sehe."

Tim und Sarah fuhren mit ihren Fahrrädern zu Tims Wohnung.

Zuhause angekommen nahm Tim seine Jacke und gab Sarah eine Decke, dass sie nicht fror.

„Eine Tasse heiße Schokolade für die Lady?"

„Ja klar, das ist Standard." Tim ging die Küche, um eine Tasse für Sarah zu holen.

„Tim, ich gehe mal lieber."

„Was?! Warum?!"

„Es war ein langer Tag und ich muss mich erstmal beruhigen. Tut mir leid", meinte Sarah.

„Nee, ist schon ok. Bis morgen", antwortete Tim.

„Bye." Sarah warf die Decke auf das Bett und ging.

Tim machte sich Gedanken: „Hoffentlich habe ich nichts Falsches gesagt." Er wusste nicht, dass Sarah auf dem Nachhauseweg wieder weinen musste. Sie war so am Ende, dass sie sich nur noch ins Bett legen und schlafen wollte. Doch kurz vor dem Einschlafen fiel ihr eine Lösung für Tims Probleme ein.

Tim hörte die Eingangstür. Seine Mutter kam müde von der Arbeit nach Hause. „Na, wie war dein freier Tag?", erkundigte sie sich freundlich bei Tim.

„Super, und deiner?", log Tim. Er wollte seine Mutter nicht noch mit Sorgen belasten, denn er sah, wie müde sie war.

„Na ja, ein bisschen Stress, aber weiter nichts. Ach so, hast du dir die Pizza gemacht?" Frau Grau war erleichtert, dass es Tim anscheinend gut ging.

„Wir haben Pizza zuhause?!", freute sich Tim.

„Bevor ich zur Arbeit gefahren bin, habe ich dir gesagt, dass ich Pizza eingekauft habe."

„Ups, da habe ich wieder nicht zugehört. Tut mir leid", meinte Tim. Er dachte sich: „Wenigstens bekomme ich jetzt noch etwas Leckeres zu essen nach so einem beschissenen Tag."

Tims Handy klingelte. Er rannte ins Zimmer und packte sein Handy.

„Hallo? Wer ist da?"

„Ich bin's, Sarah. Du, wir haben doch einen Beratungslehrer in unserer Schule, oder?"

„Kann sein."

„Versuch mit ihm mal morgen zu reden."

„Na ja, ich versuche es."

„Bis morgen."

Gerade als er „bye" sagen wollte, hatte sie schon aufgelegt.

„Mann, was mache ich falsch?!", dachte sich Tim die ganze Zeit. Er saß alleine im Zimmer und dachte über alles nach, um einen klaren Kopf zu bekommen.

Seine Mutter kam rein: „Auf geht's, es ist Zeit zum Schlafen. Morgen ist wieder Schule."

„Aber Mama."

„Nichts aber. Gute Nacht und schlaf gut."

„Danke, du auch." Die Mutter schloss die Tür.

Tim schlief mit seinen schmutzigen Kleidern ein. Er wachte in der Nacht mehrmals auf, wofür es eigentlich keinen Grund gab. Es war sechs Uhr, als er das letzte Mal aufwachte. Er stand mit schlechter Laune auf, machte laut Musik an, packte sein Schulzeug und zog sich an. „Super, erst 6:47 Uhr, dann habe ich noch Zeit, um zu frühstücken und meine Haare zu machen!"

Tim aß etwas und rannte ins Bad. „So, heute mal lässig oder rockermäßig? Na ja, mal schauen, was rauskommt." Er holte das Glätteisen aus dem Schrank, steckte den Stecker in eine freie Steckdose und wartete. In der Zwischenzeit gelte er die Haare. Als er fertig war, nahm er seine Tasche und ging schnell zum Auto. Seine Mutter fuhr ihn zur Schule, wo er schon die anderen aus der Klasse sah.

„Hey", sagte Tim und schaute auf die Gruppe. Niemand antwortete, alle ignorierten ihn. Tim ging zu Sarah und fragte, was los wäre.

„Alle haben die Kommentare auf deinem Fake-Profil gelesen. Wann willst du eigentlich zum Beratungslehrer gehen?"

„Das ist nicht dein Ernst? Scheiße. In der ersten Pause wollte ich zu unserem Beratungslehrer."

Tim und Sarah gingen die Treppe im Schulhaus hoch. Alle saßen schon im Klassenzimmer und auf Tims Platz lagen Blätter mit den Kommentaren, die der Unbekannte geschrieben hatte.

„Na, was hast du zu deiner Verteidigung zu sagen?", wollten die Klassenkameraden wissen.

„Mein Account wurde gehackt. Ich war das nicht!"

„Ja, ja, das sagen alle. Nach der Schule bist du dran", meinte Jonas.

Alle setzten sich hin, weil Frau Meyer kam. „Tim? Könntest du bitte kurz nach vorne kommen? Wir müssen dringend über etwas reden."

„Oh Mann, jetzt kriege ich so einen Anschiss, obwohl ich nichts getan habe. Verdammt, kann das nicht aufhören?", dachte sich Tim.

Er ging nach vorne zur Lehrerin. „Ich habe von mehreren Schülern gehört, dass du beleidigende Kommentare schreibst, stimmt das?"

„Nein, mein Account bei Facebook wurde gehackt. Das war ich nicht! Wirklich!"

„Soso, gehackt, was? Na ja, wir werden ja sehen. Setz dich wieder auf deinen Platz. Für solche Spielchen haben wir hier zu wenig Zeit."

Normalerweise verstand sich Tim gut mit Frau Meyer, aber seine Klassenlehrerin verhielt sich heute ihm gegenüber ziemlich abweisend.

„Sie glaubt mir nicht", dachte Tim verzweifelt, „was soll ich nur tun?"

Er setzte sich wieder hin und packte seine Sachen für Mathe aus. „Zwei Stunden Mathe. Das kann was werden", sagte Sarah neben ihm.

Tim konnte sich nicht auf Mathe konzentrieren, weil er immer an den Fake-Account denken musste. „Was ist, wenn mir niemand glaubt? Wenn alle in der Schule denken, dass ich das bin?"

Die zwei Stunden gingen wie im Flug vorbei, aber Tim hatte nichts mitbekommen. „Egal, das eine Mal ist es ja nicht schlimm", dachte er sich.

„Sarah? Kommst du mit zum Beratungslehrer?", fragte Tim.

„Ja, natürlich gehe ich mit", antwortete sie.

Tim klopfte traurig am Lehrerzimmer. Die Tür öffnete sich und seine Deutschlehrerin stand vor ihm: „Was ist los, Tim und Sarah?"

„Könnte ich bitte mit dem Beratungslehrer der Schule sprechen?", erkundigte sich Tim.

„Ich weiß nicht, wo er ist, aber du kannst in der nächsten Pause nochmal kommen. Ich schaue nach, wo er ist."

„Ok, danke."

„Kein Problem." Tim ging hinunter in den Pausenhof, Sarah zur Toilette. Überall standen Jugendliche in Gruppen zusammen. Alle starrten ihn an, als wäre er ein Alien, er fühlte ihre wütenden Blicke. Aus einer Gruppe rief jemand leise: „Na, macht es Spaß, so Kommentare zu schreiben?"

Tim redete sich ein, es sei ihm egal, was die anderen sagten. Er wusste, dass er nicht daran schuld war, also brauchte er es nicht ernst zu nehmen. Sarah ging fast nie in die Pause. Sie verdrückte sich immer in die Toilette, weil sie dort ungestört mit den anderen Mädchen reden wollte.

Tim ging in den Kiosk, holte seinen Geldbeutel raus und kaufte sich eine Capri Sonne. Zwei ältere Schüler kamen herein, nahmen seinen Geldbeutel und holten das restliche Geld raus. „Das hier gehört jetzt uns, klar?" Sie warfen den Geldbeutel auf den Boden. Tim reagierte darauf nicht. Gegen mehrere Zehntklässler hatte er keine Chance, wenn er eine Prügelei anfangen würde. Er stand wie versteinert da und starrte sie an. Die Jungen machten Tim dumm an und gingen wieder raus mit dem Geld.

„Was war das jetzt?", fragte sich Tim. Er nahm das Restgeld und seine Capri Sonne. Niemand war mehr auf dem Pausenhof. „Mist, fängt die Stunde schon an?! Super, jetzt auch noch zu spät kommen!" Er rannte schnell die Treppen hoch, riss die Tür auf und setzte sich schnell auf seinen Platz.

Kurz danach kam der Musiklehrer herein. Der Lehrer setzte seine Tasche ab: „Guten Morgen, 8b."

Alle grüßen zurück: „Guten Morgen, Herr Krause."

„Heute tanzen wir mal zu einem Lied."

In der Klasse hörte man schon welche rufen: „Och nee, nicht im Ernst, oder?"

„Auf geht's! Das hier ist Musik und nicht irgendeine Hockstunde, klar?"

„Ja, Herr Krause", sagte die Klasse im Chor. Alle standen auf und schoben die Tische und Stühle an die Seite, dass sie Platz hatten zum Tanzen.

„Jetzt tanzt mal spontan irgendetwas. Macht Bewegungen, die zur Musik passen!" Der Lehrer schaltete die Musik an.

Alle bewegten sich nur so hin und her. Tim war das zu langweilig, er sprang im Zimmer herum und machte komische Bewegungen. Die anderen blieben stehen und schauten ihn an. Die ganze Klasse fing an zu lachen. „Warum lachen alle?", dachte sich Tim. Auf einmal rief jemand: „Hahahaha, wie der tanzt! Guckt nur, hahahahaha." Tim blieb stehen. Alle schauten ihn an und lachten. Tim starrte in die Menge und er wusste, dass das jetzt noch so weitergehen würde. Alle standen lachend da, als es klingelte, aber Tim ging sofort zum Lehrerzimmer.

Er klopfte hastig gegen die Tür. Diese öffnete sich.

„Also, junger Mann, sowas wird hier nicht geduldet. Was ist denn los?"

„Ja, meine Deutschlehrerin hat gesagt, dass sie den Beratungslehrer sucht."

„Ach so, der Beratungslehrer ist unten im Hof zur Aufsicht. Du kannst ihn ja mal ansprechen."

„O.k., danke."

„Nichts zu danken."

Tim rannte die Treppe hinunter in den Pausenhof. Alle standen wieder in Gruppen da und lachten, weil sie über die Musikstunde erzählten. Doch das war Tim jetzt sowas von egal. Das Einzige, was ihn störte, war, dass auch Sarah lachte. Tim suchte den Beratungslehrer, aber fand ihn nicht. Er irrte herum wie ein sich verlaufender Hundewelpe. Doch da stand der Gesuchte. Endlich hatte Tim ihn gefunden. Er rannte auf ihn zu.

„Stopp, ich muss mit Ihnen reden", sagte Tim völlig außer Puste.

„Was ist los?"
„Sie sind doch der Beratungslehrer, oder?"
„Ja, klar."
„Mein Account bei Facebook wurde gehackt und jetzt schreibt jemand in meinem Namen beleidigende Kommentare über alle."
„Das Passwort kannst du nicht ändern?"
„Nein, die E-Mail-Adresse wurde auch geändert."
„Hm, da müsstest du mal zu unserem IT-Lehrer gehen. Der kennt sich damit besser aus als ich."
„Warum kann mir niemand helfen, Mann?! Was ist das?! Ich raste gleich aus", schimpfte Tim leise vor sich hin.
Der Beratungslehrer ging wieder in das Schulgebäude. Tim war am Ende. Er lehnte sich gegen die Wand und ließ sich langsam zu Boden gleiten.
Sarah bemerkte, dass Tim nicht im Klassenzimmer war und fragte, ob sie nach ihm schauen konnte. Sie machte sich Sorgen, weil sie im Musikunterricht auch gelacht hatte. Sarah sah Tim verzweifelt auf dem Boden sitzen, angelehnt an die Wand.
„Tim! Wir müssen hoch ins Klassenzimmer. Komm jetzt!"
„Nein", flüsterte Tim.
„Was? Du kommst jetzt mit."
„Nein, ich gehe ganz sicher nicht. Ich habe keine Schuld an der ganzen Scheiße und werde jetzt von allen gehasst, o.k.? Sogar du hast gelacht. Tut mir ja leid, dass ich Spaß dran habe, zu tanzen und rumzuspringen."
„Tim. Es tut mir leid."
„Nee, ein Tut-mir-leid gibt's nicht mehr. Ich hab' keinen Bock mehr. Wir reden nach der Schule."
„Aber... O.k."
Tim und Sarah gingen nach oben in ihr Klassenzimmer und setzten sich auf ihre Plätze. „Was ist los, Tim?", fragte Frau Meyer neugierig.
„Ist nicht wichtig."
„Hm, okay. Ich habe gehört, dass ihr in Musik getanzt und Tim dabei ausgelacht habt. Warum?"

Ein Junge meldete sich und sagte lachend: „Weil's so dumm aussah. Wenn Sie nur wüssten, wie komisch sich Tim bewegt hat."

„Er hat wenigstens etwas gemacht und stand nicht nur da so wie ihr alle", verteidigte Frau Meyer Tim.

Ein Mädchen rief: „Doch, natürlich haben wir was gemacht. Wir haben gelacht, hahaha."

„Das habe ich jetzt mal überhört, junge Dame."

Die Klasse lachte unterdrückt.

„Hört nun auf zu lachen und holt eure Sachen raus, schnell, wir haben keine Zeit mehr."

Die Klasse machte extra langsam, um keinen Unterricht zu haben. Angeblich hatte die Hälfte der Schüler keine Unterrichtsmaterialien für Englisch dabei.

„Tim?", sagte Frau Meyer.

„Ja?"

„Komm mal bitte nach vorne zu mir, wir müssen noch was besprechen."

Tim lief langsam nach vorne, während die ganze Klasse ihn anschaute.

„Ist es wegen dem Beratungslehrer oder weswegen sonst?", fragte Tim.

„Die Deutsch-Kollegin hat mit mir gesprochen. Hast du den Beratungslehrer gefunden oder nicht?"

„Ja, aber er kennt sich nicht damit aus und hat keine Ahnung, was ich machen kann. Deswegen sollte ich zum IT-Lehrer gehen und ihn fragen, weil der sich damit besser auskennt."

„Ah, o.k. Wann willst du den IT- Lehrer fragen?"

„Weiß ich nicht."

„Versuch es einfach morgen, mein Kollege wird dir sicher helfen können. Jetzt setz dich wieder auf deinen Platz."

„Ich habe noch eine Frage."

„Die wäre?"

„Können Sie ihm Bescheid sagen, dass ich mit ihm reden will?"

„Ja, klar."
„Gut."
Tim setzte sich wieder auf seinen Platz. Eine Stunde später gingen alle Schüler nach Hause und aßen ihr Mittagessen.

Sarah hatte ihre Freundinnen angerufen, ob sie etwas unternehmen könnten, aber keine hatte Zeit. Tims Handy klingelte plötzlich. Es war Sarah.

„Hey, Lust draußen rumzulaufen?", fragte Sarah.

„Ja klar. Mit dir immer", antwortete Tim mit einem Lächeln im Gesicht.

„Wo treffen wir uns?"

„Ich komme zu dir nach Hause und hole dich ab. Wir können ja in die Stadt oder ins Kino gehen."

„Gute Idee. Bis später, Schatz."

„Bis gleich."

Tim legte auf, zog sich an und fuhr zu Sarah. Sarah wartete schon sehnsüchtig, bis Tim endlich klingelte. Tim trödelte eine Weile, weil er nicht so wirklich große Lust hatte rauszugehen. Er klingelte an der Tür. Sarah freute sich sehr und öffnete.

„Hey."

„Na, wo gehen wir jetzt also hin?"

„Lass uns kurz auf den Spielplatz gehen. Danach können wir ja ins Kino."

„Okay, was ist denn los?"

„Komm mit", sagte Tim und nahm Sarahs Hand.

„Okay", lächelte Sarah ihren Freund an.

Sie liefen Hand in Hand zum Spielplatz und warfen sich lächelnde Blicke zu. Nach einer Weile setzten sie sich auf die Schaukeln.

Sarah fragte Tim: „Hast du es eigentlich schon mal mit der „Nummer gegen Kummer" versucht?"

„Nein, aber es wäre eine gute Idee, es mal zu versuchen."

„Wir können nachher nach der Nummer schauen und dann rufen wir da mal an. Vielleicht hilft es dir ja was."

„Ja, klar, können wir machen. Jetzt gehen wir erstmal ins Kino und ich bezahle! Ohne Widerrede", bestimmte Tim.

„Aber... Okay, aber das nächste Mal bin ich dran!", meinte Sarah.

„Jaja. Jetzt komm, wir gehen ins CinemaxX."

Beide liefen zur Haltestelle und warteten, bis die Bahn kam. Es dauerte eine Weile, weil es eine Baustelle auf der Strecke gab. Als sie einstiegen, kamen ihnen Robin und Alex entgegen.

„Na, ihr Turteltäubchen. Was wollt ihr Schönes machen?", fragte Alex spöttisch.

„Lass uns in Ruhe, Alex", antwortete Tim wütend.

„Warum so genervt?"

„Kannst du uns nicht einfach in Ruhe lassen?", fragte Sarah wütend.

„Na ja, ich hab' Besseres zu tun, als euch beim Knutschen zuzuschauen."

„Geht doch. Danke fürs Nerven, Alex", lächelte Sarah Alex an.

Alex und Robin stiegen am Paradeplatz aus, aber Alex schaute bis dahin die ganze Zeit Sarah an. Tim wurde eifersüchtig, weil Sarah zurückgelächelt hatte. Während der Fahrt redete er mit seiner Freundin über seine Probleme.

„Hier müssen wir, glaube ich, aussteigen, ich hab' so ein Gefühl", sagte Tim lachend.

„Ich hab' so ein Gefühl, dass du richtig doof bist, haha", antwortete Sarah darauf kichernd.

„Danke schön. Immer wieder gerne."

„Doofi. Komm jetzt, wir müssen raus."

Sarah nahm Tim an der Hand und sie liefen Hand in Hand aus der Bahn. Bevor sie ins Kino gingen, kamen sie noch an einem Dönerladen vorbei. Sie blieben stehen und schauten nach den Preisen.

„Willst du noch etwas, bevor wir ins Kino gehen?", fragte Tim Sarah.

„Ein Döner geht immer, aber kannst du das bezahlen?"

„Ja klar. Sind ja nur 2,50 Euro."

„Ja, ich möchte gerne einen Döner mit allem und scharf bitte", sagte Sarah dem Mann hinter der Theke.

„Dauert nur ein paar Minuten. Ihr könnt euch so lange auf die Couch setzen", erwiderte der Mann mit einem Akzent.

Tim bezahlte schon mal im Voraus, dass sie sich gleich auf den Weg machen konnten. Sarah setzte sich auf die Couch und stöhnte auf:

„Immer dieses Warten. Warten hier. Warten da. Ich hasse es."

„Beruhig dich doch mal. Ist doch alles o.k.", meinte Tim lachend.

„Das regt aber auf, Mann", flüsterte Sarah.

„Euer Döner ist fertig!", rief der Mann hinter der Theke.

„Danke, tschüss und schönen Tag noch", lächelte Tim den Mann hinter der Theke an. Dieser antwortete nichts.

Tim und Sarah liefen weiter. Sarah suchte einen Platz zum Hinsetzen wegen ihres Döners. Sie konnte ja den Döner nicht einfach mit ins Kino nehmen. Als sie fertig war, gingen beide Hand in Hand zum Kino. Dort kauften sie Karten für einen neuen Horrorfilm. Sie hatten Plätze, die in der Mitte lagen, was natürlich perfekt war. Popcorn und Cola teilten sie sich.

Am nächsten Schultag war dieser wunderschöne Nachmittag und Abend leider nur noch wie ein Traum, der schnell vorbei war. Die Klassenkameraden nutzten jede Gelegenheit, um Tim auszugrenzen. Alex brachte die Klasse außerdem dazu, leise fiese Bemerkungen hinter Sarahs Rücken zu machen. Denn er ärgerte sich über die Abfuhr am Tag zuvor. Tim fühlte sich, als wäre er ein wertloser Gegenstand, der auf den Sperrmüll gehörte. Obwohl er am vorherigen Nachmittag so glücklich gewesen war, fühlte er sich jetzt einsam und verlassen. Außer Sarah hielt niemand zu ihm.

Weil er vor lauter Kummer im Unterricht nicht richtig aufpassen konnte, bekam er an diesem Vormittag auch noch zwei schlechte mündliche Noten. Tim konnte sich nicht mehr vorstellen, dass die Probleme einmal aufhören würden. Als die Schule zu Ende war, schloss er sich in seinem Zimmer ein und heulte. Seine Mutter wunderte sich, warum er so geknickt war. Dann hörte Tim laut Musik und schlief schließlich völlig verzweifelt ein.

Er wusste, dass seine Klassenlehrerin immer Zeit für ihn hatte, also sprach er am nächsten Morgen Frau Meyer an: „Können Sie mir jetzt helfen?"

Die Lehrerin antwortete: „Nein, sorry, ich habe ein sehr wichtiges Elterngespräch."

Tim konnte kaum noch den Unterricht ertragen, er hielt es fast nicht mehr aus. Zu Hause heulte er wieder und schrie: „Keiner hilft mir und niemand beachtet mich."

Seine Mutter sagte: „Warum, Tim? Ich mache mir Sorgen um dich, ich habe dich doch lieb. Was hast du denn für ein Problem?"

Einen Moment lang überlegte Tim, ob er sich ihr anvertrauen sollte.

„Alex macht mir das Leben zur Hölle", fing er an zu berichten.

Doch in diesem Moment klingelte das Telefon. Es war der Chef von Frau Grau, der eine wichtige geschäftliche Angelegenheit mit ihr besprechen wollte. Als das Gespräch beendet war, erkundigte sich die Mutter:

„Und was ist dein Problem mit Alex?"

„Ach egal, Mama", sagte Tim. Er schloss sich wieder in seinem Zimmer ein und hörte Musik.

Tim war richtig am Boden zerstört und er wollte nichts mehr von der Welt wissen. Doch dann kam eine Nachricht von Sarah, sie schrieb: „Hey, hast du Lust, was mit mir zu unternehmen?"

Tim antwortete: „Nein, heute geht es mir nicht gut. Lasst mich einfach alle in Ruhe!!!" Sarah schickte heulende Smileys.

Tim schrieb zurück: „Lass mich mal in Ruhe, ich habe im Moment viel Stress."

Sarah antwortete: „Okay."

Tim zockte „Minecraft". Zuerst stellte er eine hölzerne Spitzhacke her und grub sich in den Berg hinein. Dann baute er sich eine Craftingbox, dadurch konnte er eine steinerne Spitzhacke bauen. Mit dieser fand er Eisen und mit einer neuen Craftingbox fertigte er eine Spitzhacke aus Eisen an, dadurch konnte er tiefer graben und fand Diamanten. Als er wieder hochkommen wollte, fiel Kies auf ihn und er starb. Jetzt hatte Tim keine Lust mehr zu spielen, also schaute er fern, aber da lief nichts Gescheites. Deshalb hörte er wieder Musik auf seinem Handy.

Nach einer Stunde schrieb Sarah ihn schon wieder an, und zwar: „Hey, warum soll ich dich in Ruhe lassen? Du liebst mich doch!"

Tim antwortete: „Ja schon, aber ich brauche mal Ruhe! Morgen geht es mir bestimmt besser, dann können wir wieder etwas unternehmen."

Sarah antwortete: „O.k., dann gute Besserung."

Tim schaute nach, ob jetzt etwas Vernünftiges im Fernsehen lief, ohne Erfolg. Er wollte wieder Minecraft spielen, doch er dachte daran, dass er in dem Spiel tot war, und er wollte nicht wieder von vorn anfangen. Also hörte er Musik, bis er einschlief.

Am nächsten Tag wollte er nochmals mit Frau Meyer, seiner Klassenlehrerin, sprechen, er hatte einen Termin bei ihr. Doch als er in die Schule kam, stand draußen der Rettungswagen. Frau Meyer war mit dem Fahrrad zur Arbeit gekommen und ein Auto hatte sie erfasst. Sie wurde ins Krankenhaus gebracht. Tim wollte nicht mehr leben und schrie: „Die ganze Welt ist gegen mich! Keiner kann oder will mir helfen. Jedes Mal, wenn ich jemanden um Hilfe bitte, hat derjenige keine Zeit oder ist krank. Bin ich denn ganz verlassen? Ich habe nur noch Sarah."

Zuhause warf er sein altes Handy aus Frust und Wut mit voller Wucht auf den Boden, aber das Handy ging nicht kaputt. Darauf trommelte er mit seinen Fäusten gegen die Fensterscheibe, auch die hielt das aus. Seine Mutter kam besorgt herbeigerannt, doch er schrie sie an: „Geh raus oder ich raste komplett aus!" Schnell verließ die Mutter das Zimmer. Sie wollte später mit ihrem Sohn reden, aber Tim weigerte sich und hörte laut Musik.

Tim dachte nach: Wer konnte ihm jetzt noch helfen? Da fiel ihm sein Freund aus der alten Klasse ein, der nach Stuttgart umgezogen war. Er schrieb ihn über WhatsApp an: „Hey, kannst du mir helfen?"

Sein Freund antwortete: „Ja klar, was gibt es?"

Tim antwortete: „Ich werde gemobbt von meinen Mitschülern."
„Warum?", fragte sein Kumpel.
Tim antwortete: „Einer hat meinen Account bei Facebook gehackt und beleidigende Kommentare verfasst."
Tims Freund schrieb: „Tut mir leid, ich kenne mich damit nicht so gut aus."
Tim schrieb weiter: „Hey, warum machen die in der Klasse das mit den Kommentaren? Ich habe denen doch gar nichts getan."
Sein Kumpel antwortete: „Doch, du bist sitzen geblieben. Und wahrscheinlich machen alle in der Klasse mit, weil sie sich stark fühlen wollen."
Tim schrieb: „Du hast recht. Aber eigentlich ist nur einer der Anführer. Er ist neidisch auf mich wegen eines Mädchens."
„Die in der Klasse wollen sicher bei dem coolen Anführer gut dastehen. Da kannst du dich kaum wehren. Am besten ist es, wenn du die Schule wechselst", schlug Tims Freund vor. „Leider kann ich dir nicht helfen, ich bin zu weit weg."
„Aber bei einem Schulwechsel wäre ich nicht mehr mit Sarah in einer Klasse und ich will sie so oft wie möglich sehen", dachte Tim. „Nein, diese Lösung kommt nicht in Frage."
Tim ging ins Bett und heulte nur noch, bis er eine Nachricht von einer anonymen Person bekam. In der Nachricht stand: „Wir machen dich fertig, du dummes Stück Scheiße."
Tim schrieb zurück: „Wer bist du? Ich gehe zur Polizei oder du sagst, wer du bist."
„Dann geh zur Polizei, du Lappen."
Doch Tim hatte Angst, zur Polizei zu gehen, es konnte ja sein, dass er abgepasst und verprügelt würde. Er versuchte sich zu beruhigen, da kam die nächste Nachricht: „Wenn du rausgehst, bist du tot."
Tim legte sich ins Bett und heulte. Dabei schaute er einen Film über Mobbing an. Er hatte danach eine riesige Angst, dass es bei ihm auch so schlimm würde, und zur Ablenkung hörte er auf YouTube Musik, bis er einschlief.
Am nächsten Morgen schrieb er Sarah an: „Ich werde von allen gemobbt."

Sarah schrieb zurück: „Probiere irgendwie wieder in deinen Account zu kommen."

„Aber wie?", fragte Tim.

Sarah antwortete: „Das weiß ich nicht. Da musst du einen Computerfreak fragen."

Tim ging zum Jugendhaus. Er zockte „Fifa 15" gegen den Betreuer, doch er verlor knapp, nämlich 4:3. Nach dem Spiel sagte er zum Sozialpädagogen: „Kannst du mir helfen? Ich werde gemobbt!"

Dieser sagte: „Ich muss hier aufpassen, ich bin allein, aber morgen ist noch mein Kollege da, dann können wir das klären. Was ist denn eigentlich das Problem?"

„Mein Facebook-Account wurde gehackt und diese Person, die jetzt meinen Account benutzt, schreibt unter jedes Bild von Schülern aus meiner Schule beleidigende Kommentare", sagte Tim.

Am nächsten Tag versuchte er es zum zweiten Mal. Er ging zu dem Sozialpädagogen und fragte: „Kannst du mir jetzt helfen?"

Der Betreuer sagte: „Ja, komm mit in das Büro."

Als sie dort Platz genommen hatten, meinte er: „Tim, jetzt erklärst du mir alles ganz genau."

„O.k.", antwortete Tim. Er beschrieb die fiesen Kommentare in Facebook und WhatsApp. Dann erklärte er: „Aber ich weiß nicht, wer sich an meinem Account zu schaffen gemacht hat."

Der Sozialpädagoge riet: „Du musst dich bei Facebook anmelden und über die Hilfsfunktion kommst du auf einen Link, wo du deinen Account löschen kannst."

Tim antwortete bedrückt: „Aber ich kann mich doch nicht mehr einloggen, weil irgendjemand mein Passwort verändert hat."

„Dann musst du das Facebook melden. Es gibt dafür eine spezielle Seite", erklärte der Betreuer.

„Vielen Dank für die guten Tipps", sagte Tim erleichtert. Er freute sich, weil er sich sicher war, dass er nun zumindest etwas gegen die Kommentare unternehmen konnte.

In der Schule lief es am nächsten Tag erst sehr gut, denn alle ließen Tim in Ruhe und er wurde von mehreren Lehrern gelobt.

Doch hinter dem Ausgang der Schule warteten Alex und die anderen, die ihn mobbten. Als Tim das Gebäude verließ, kam Alex zum Vorschein und rief: „Hey, Arschloch!" Ein anderer aus der Klasse nahm Tims Rucksack und leerte ihn aus, ein weiterer nahm sein Englischheft und zerriss es. Alex gab Tim eine Ohrfeige und schrie: „Du Opfer!" Alle rannten weg.

Tim räumte seinen Rucksack wieder ein und fuhr wütend zu Sarah nach Hause. Weinend erzählte er ihr, was die Klasse ihm angetan hatte. Seine Freundin ging in die Küche, nach ein paar Minuten kam sie mit zwei Tassen heißer Schokolade. Sie tröstete Tim und schlug ihm vor: „Mit deiner Mutter kannst du doch reden."

Tim antwortete: „Das habe ich schon versucht, aber sie kennt sich mit sozialen Netzwerken nicht gut aus."

„Und andere Freunde?", fragte Sarah.

Tim sagte bedrückt: „Ich hab' ja keine mehr."

Dann hatte Sarah einen Einfall: „Geh doch zum Rektor!"

Tim antwortete: „Nein, als die anderen mich heute abgefangen haben, haben sie gesagt, wenn ich sie verpetze, bringen sie mich um."

Sarah antwortete: „Und wenn ich hingehe und sage, ich habe dich und die anderen beobachtet?"

Tim meinte: „Das müsste gehen, aber lass es, ich habe zu viel Angst."

Sarah gab zu bedenken: „Aber das ist deine einzige Lösung, oder?"

„Ja, aber da lass ich mich lieber weiter mobben."

Sarah rief: „Nein, das kann alles noch viel schlimmer werden."

„Das ist mir egal, ich will dabei nicht sterben. Du weißt nicht, wozu die alle in der Lage sind, das sind keine Viertklässler!!!!"

„Ja, das weiß ich auch", gab Sarah zur Antwort, „aber das kannst du nicht auf dir sitzen lassen!"

Tim sagte: „Das stimmt, aber ich habe keine Lust, mein Leben zu riskieren."

„Dann geh zur Polizei, Tim!"

„Die haben gesagt, wenn ich das mache, schlagen sie meine Mutter und dich zusammen."

Sarah wunderte sich: „Ist das dein Ernst, haben die anderen solche Dinge gesagt?"

Tim antwortete: „Ja, ich kann doch nichts dafür."

„Wer sagt denn, dass du was dafür kannst?", wollte Sarah wissen.

Tim antwortete nicht und rannte weg von Sarah. Sie schrie: „Warte, Tim, warte!", und rannte ihm hinterher. Doch Alex kam den beiden entgegen und sagte: „Tim? Hast du immer noch nicht genug?"

Alex riss ihm sein T-Shirt vom Körper und wälzte das Shirt im Matsch. Danach rannte Tim Richtung Schulhof, doch da war ein weiterer Klassenkamerad, der einmal kräftig ausholte. Tim hatte Nasenbluten.

Plötzlich rannte Sarah herbei, sie trat dem Jungen mit voller Wucht in den Bauch und schrie: „Mach noch einmal sowas und ich bringe dich um!" Schnell holte der Junge sein Handy aus der Hosentasche und rief Alex an. Keine Minute später kam Alex mit seinen Freunden. Schnell nahm Sarah Tims Hand und schrie: „Renn weg!" Schon nach kurzer Zeit konnte Sarah nicht mehr mithalten und dachte sich: „Dieser Tim hat schon viel Kondition und ist schnell, er könnte Marathonläufer werden!" Doch nach einer Weile blieb Tim stehen und Sarah holte ihn ein.

Sie fragte: „Tim, warum rennst du die ganze Zeit vor mir weg?"

Tim antwortete: „Ich brauche Ruhe", und er rannte weiter.

Sarah schrie: „Warte! Tim, wir versuchen erstmal den Fake-Account zu löschen."

Also blieb Tim stehen. Sie fuhren zu Sarah nach Hause und überlegten, wo eine Sicherheitslücke sein könnte.

Nach einer Weile sagte Tim: „Ich glaube, ich habe eine Idee."

„Welche denn?", fragte Sarah.

Tim erklärte: „Ich mache einen neuen Account auf und versuche den Fake-Account zu übernehmen und zu löschen."

„Dann versuch es mal", ermutigte ihn Sarah.

„Ich muss jetzt dem Fake-Account eine Freundschaftsanfrage schicken und hoffen, dass er sie annimmt. Aber nun logge ich mich aus und gehe nach Hause, ich bin gerade sowas von müde."

„Willst du nicht lieber hier übernachten?", fragte Sarah verlegen.

„Ja, klar, aber wir müssen zuerst unsere Eltern fragen, ob das o.k. ist."

„O.k.", meinte Sarah.

Tim rief zuhause an. Für seine Mutter war es in Ordnung. Jetzt musste Sarah nur noch ihre Eltern fragen. Sarah ging aus ihrem Zimmer und lief ins Schlafzimmer der Eltern:

„Darf Tim nur heute bei mir übernachten? Bitte!"

„Hm. Na ja, es ist schon spät und wir lassen ihn nicht aus dem Haus gehen zu dieser Uhrzeit. Er kann hier übernachten."

In Sarahs Zimmer umarmten sich die beiden und küssten sich. Dann legten sie sich schlafen.

Am nächsten Morgen wachte Tim auf und weckte Sarah: „Sarah, wir haben keine Zeit zu verlieren."

Schnell stand Sarah auf und Tim ging an den PC. Tim sagte: „Gut, die Freundschaftsanfrage wurde angenommen."

Sarah meinte: „Sehr gut. Dann versuche dich jetzt reinzuhacken."

Tim antwortete: „Ich muss versuchen, durch eine gepostete Nachricht den Account zu hacken."

Tim probierte verschiedene Dinge aus, aber es funktionierte alles nicht. Er hatte es sich leichter vorgestellt.

Sarah schlug vor: „Dann lass es lieber und wir denken nach, was wir sonst noch tun könnten."

Da fiel Tim ein: „Ich habe doch den Betreuer im Jugendhaus gefragt und er hat gesagt, es gibt eine Seite bei Facebook, wo man Fake-Accounts löschen lassen kann. Komm, wir suchen mal diese Seite."

Sie fanden bei Facebook den Hilfebereich und dort sahen sie den Link „Geknackte Konten". Es wurden verschiedene Probleme aufgezählt. Tim klickte den Satz an: „Ich glaube, mein Konto wurde gehackt oder wird von jemandem ohne mein Einverständnis verwendet." Dann gab es auf dieser Seite die Möglichkeit, das eigene Konto zu sichern. Tim klickte auf das Wort „sichern". Nun las er die Sätze:

Falls du glaubst, dass dein Konto durch eine andere Person oder einen Virus kompromittiert wurde, klicke bitte unten auf „Mein Konto wurde kompromittiert". Wir helfen dir dabei, erneut Zugang zu deinem Konto sowie Kontrolle über dieses zu erhalten.

„Super", rief Tim, „jetzt kommt bald alles in Ordnung!" Er klickte das Feld an „Mein Konto wurde kompromittiert". In einem neuen Feld musste er verschiedene Angaben zu seinem Konto machen. „Ich hoffe, dass die Leute von Facebook in den nächsten Tagen alles in Ordnung bringen", sagte er.

Nach einer Weile Nachdenken rief Sarah: „Ich habe eine Idee!"

Tim fragte: „Welche denn?"

Sarah antwortete: „Wir versuchen Alex' Laptop zu klauen und dort nachzuschauen, ob er nicht die vielen Bilder und Kommentare auf dein Profil gestellt hat."

Tim war kritisch: „Ich glaube nicht, dass es klappt. Wenn Alex wirklich den ganzen Quatsch gemacht hat, passt er extra gut auf seinen Laptop auf."

Kapitel 6

Obwohl Tim die Hoffnung hatte, dass die Leute von Facebook den Fake-Account bald sperren würden, verlor er den Mut. Er hatte keine Kraft mehr, ständig neue Mobbingaktionen zu ertragen. So begann er ab und zu die Schule zu schwänzen, denn er wollte nicht mehr jeden Tag Alex und die Klasse sehen. Sarah machte sich große Sorgen um ihren Freund, aber sie verriet ihn nicht. Zu Hause merkte die Mutter nicht, dass Tim manchmal schwänzte, denn er ging morgens wie sonst auch aus dem Haus. Wenn seine Mutter kurz danach zur Arbeit ging, kehrte Tim in die Wohnung zurück. Frau Meyer, die Klassenlehrerin, versuchte bei Tim zu Hause anzurufen, aber niemand nahm ab.

Alex ließ sich in dieser Situation wieder etwas Neues einfallen. Er hatte im Internet einen Shop entdeckt, in dem man Filme auf Rechnung kaufen konnte. Grinsend suchte er sieben Filme aus, die erst ab 18 Jahren freigegeben waren. Zwei Filme waren sogar Pornofilme. Alex legte auf den Namen von Tim ein Kundenkonto an und gab Tims E-Mail-Adresse an. Dann drückte er auf den „Bestellen"-Button. Er freute sich schon auf Tims Gesicht, wenn die Filme geliefert wurden.

Am nächsten Tag ging Alex auch nicht in die Schule so wie Tim. Er schrieb schlimme Kommentare in Tims Facebook-Account unter die Fotos von Mitschülern. Es waren Sätze wie: *„Du siehst ja wie ein Monster aus", „Du kannst gleich auf die Müllhalde gehen und dich dort hinsetzen", „Du siehst zum Kotzen aus, wenn du Essen wärst, würde ich dich sofort auskotzen."* Er schrieb auch schlimme Kommentare unter Fotos von Lehrern. Alex wusste, dass er so Tims Ruf noch mehr schädigen konnte.

Als eigentlich Unterrichtsende war und Tims Mutter gleich von der Arbeit nach Hause kommen sollte, nahm Tim seinen Rucksack und ging hinaus auf die Straße. Er wartete, bis seine Mutter um die Ecke bog, damit er so tun konnte, als ob er gerade von der Schule käme. Die Mutter fragte: „Tim, wie war es in der Schule?"

Tim sagte: „Gut. Und wie war es bei der Arbeit?"
Die Mutter antwortete: „Auch gut. Komm, wir gehen rein."
Tim wollte wissen: „Kann ich mit Sarah rausgehen?"
„Ja klar", antwortete die Mutter, „geh raus. Aber um 16 Uhr musst du kommen, dann ist das Essen fertig."
Als Tim wieder nach Hause kam, klingelte es. Die Mutter öffnete die Tür und es war der Postbote mit einem Päckchen. Er sagte: „Diese Sendung ist für Tim Grau. Bin ich hier richtig?" Die Mutter wunderte sich sehr und Tim konnte sich nicht erinnern, etwas bestellt zu haben. Er öffnete das Päckchen. Als Tim die Filme sah, wurde er knallrot.
Seine Mutter traute ihren Augen nicht: „Um alles in der Welt, was hast du da bestellt? Seit wann schaust du Pornofilme?"
Tim begann zu weinen: „Ich kann doch nichts dafür, glaub mir! Ich habe die Filme nicht bestellt! Irgendjemand spielt mir ständig blöde Streiche."
Die Mutter glaubte Tim und tröstete ihn. Dann steckten sie die Filme wieder in den Umschlag. Tim ging zur Post und schickte die Filme zurück an den Versand.
In der Schule waren in diesen Tagen alle Mitschüler sauer auf Tim wegen der schlimmen Kommentare in Facebook. Frau Meyer fragte: „Warum warst du die letzten zwei Tage nicht da?"
Tim erklärte: „Ich war krank."
Die Lehrerin teilte ihm mit: „Aber ich brauche eine Entschuldigung von deiner Mutter, sonst muss ich die Tage als geschwänzt bewerten."
Tim stotterte: „O.k., morgen bringe ich die Entschuldigung."
Nun wollte die Lehrerin noch wissen: „Was sollte das mit den Kommentaren unter den Bildern von mir und den Mitschülern, die du gestern geschrieben hast? Das sind heftige Beleidigungen. Tim, dein Benehmen hat sich in der letzten Zeit sehr verschlechtert. Wenn du dich nicht besserst, wirst du die Schule verlassen müssen. Morgen hast du zwei Stunden Nachsitzen, das heißt, dass du bis zur 9. Stunde in der Schule bleiben musst. Wenn du nicht erscheinst, wirst du zwei Tage vom Unterricht ausgeschlossen, verstanden?"

Alex kicherte leise vor sich hin.

Tim verteidigte sich: „Aber Frau Meyer, irgendjemand hat meinen Facebook-Account geknackt und verbreitet Müll. Ich habe damit nichts zu tun und ich habe auch eine Meldung an Facebook geschickt."

Nachdenklich antwortete Frau Meyer: „Tim, ich bin mir nicht sicher, ob du die Wahrheit sagst. Du bist in letzter Zeit ganz anders als sonst."

In der Hofpause ließen die Mitschüler ihre Wut an Tim aus. Sie traten und schlugen ihn, so dass Tim Nasenbluten bekam und im Gesicht verletzt war. Danach gingen alle Jugendlichen ins Klassenzimmer, als wäre nichts passiert. Tim rannte schnell nach Hause, weil er es in der Schule nicht mehr aushielt.

Herr Ding, der Mathelehrer, fragte: „Wo steckt Tim?"

Die Mitschüler gaben zur Antwort: „Wir wissen es nicht."

Sarah konnte sich nicht mehr beherrschen. Sie rief: „Alex hat ihn geschlagen und Tim ist nach Hause gegangen, weil er verletzt ist!"

Alex widersprach: „Du lügst, weil du deinem Freund helfen willst! Tim hat angefangen mit dem Schlagen und ich habe mich nur verteidigt."

Herr Ding fragte die Klasse. Viele Mitschüler antworteten: „Ja, es stimmt, was Alex sagt. Tim ist in der letzten Zeit richtig aggressiv."

Darauf meinte Herr Ding: „Dann muss ich mal mit eurer Klassenlehrerin sprechen."

Zu Hause war die Mutter erschrocken, als sie Tim sah. „Meine Güte, was ist passiert, Tim?", rief sie.

Tim erklärte: „Ich bin hingefallen."

Seine Mutter verarztete ihn. Dann setzte sich Tim an den PC. Sarah hatte ihm die neuen Bilder geschickt, die der Unbekannte in Tims Namen veröffentlicht hatte. Tim hatte immer noch keinen Zugang zu seinem gehackten Account. Er las die Kommentare unter den Fotos der Mitschüler und Lehrer und war sehr erschrocken.

„Wer war das bloß", rätselte er, „wer will mich so demütigen?"
Tim schrieb an Sarah auf WhatsApp, dass er die schlimmen Kommentare nicht gepostet hatte. Sarah antwortete: „Ich weiß. Aber leider können wir nicht beweisen, dass Alex dahintersteckt."

Zunächst wollte Tim am nächsten Tag wieder zu Hause bleiben, weil er geschlagen worden war. Aber dann dachte er daran, dass er einen Unterrichtsausschluss bekommen würde, wenn er nicht mehr käme. Also packte er gegen neun Uhr die Schulsachen und machte sich auf den Weg. Er hatte keine Lust, die Klasse zu wiederholen oder auf eine neue Schule zu gehen. Kurz nach dem Läuten zur Hofpause betrat er das Klassenzimmer. Frau Meyer war noch im Raum und fragte: „Was ist eigentlich mit dir in der letzten Zeit passiert?"

„Nichts, es ist alles in Ordnung", meinte Tim, „ich war einige Tage krank."

Während des Unterrichts wurde Tim die ganze Zeit mit Papierkugeln beworfen. Frau Meyer merkte nichts und Tim wollte nichts sagen. Aber als Alex noch einmal warf, sah Frau Meyer den Papierball und schrie ihn an: „Warum bewirfst du Tim mit Papierkugeln?"

Alex wusste erst nicht, was er sagen sollte, er überlegte sich etwas. Schließlich sagte er zu Frau Meyer: „Ich wollte mich nur rächen an Tim, weil er angefangen hat."

„Okay, ich will jetzt keine Diskussion beginnen", antwortete Frau Meyer genervt. „Du musst genauso wie Tim die Schulordnung abschreiben!"

Alex protestierte laut: „Ich habe nichts gemacht!!! Es war Tim."

„Ich habe es doch selbst gesehen, wie du die Papierkugel geworfen hast", antwortete Frau Meyer bestimmt.

Nach dem Unterricht ging Tim zu seiner Klassenlehrerin, weil er Nachsitzen wegen des Schwänzens hatte. Er bekam die Aufgaben, die er erledigen sollte. Nach einer Weile klopfte jemand an die Tür. Frau Meyer öffnete, aber es war niemand da. Sie schloss die Tür und setzte sich wieder ans Lehrerpult. Es klopfte nochmals, doch erneut war keiner vor der Tür. Die Lehrerin ließ die Tür offen stehen, damit der Unsinn aufhörte. Tim konnte sich schon denken, dass es Alex gewesen war, aber er sagte es nicht. Nach einer Weile warf jemand Steine gegen das Fenster, doch Frau Meyer konnte niemanden entdecken.

Abends nutzte Alex wieder Tims Account, um neue Bilder hochzuladen. Er verwendete Fotos von Tims Handy, das er gestohlen hatte. Dieses Mal waren es die Bilder vom letzten Weihnachtsfest, die Alex mit spöttischen Kommentaren veröffentlichte.

Tim wollte am nächsten Tag nicht in die Schule gehen. Er log seine Mutter an, dass ihm schlecht war. Sie glaubte ihm und ließ ihn zuhause. Er legte sich ins Bett und dachte über seine Probleme mit den Klassenkameraden und über Sarah nach. Kurz bevor die Mutter kam, ging Tim in die Küche und erhitzte Wasser mit dem Wasserkocher. Er schüttete es in eine Wärmeflasche und hielt diese an seinen Kopf. Bald war sein Kopf sehr heiß, Tim sah aus, als ob er hohes Fieber hätte. Die Mutter bekam einen Schreck und rannte in die Apotheke, um ein Medikament gegen Grippe zu kaufen. Sie brachte Tim auch einen heißen Tee ans Bett. Tim tauchte das Fieberthermometer in den heißen Tee, als er Schritte hörte, hielt er es unter seine Achsel. Die Mutter rief: „Du hast hohes Fieber, wir müssen sofort zum Arzt!" Doch Tim beruhigte sie und meinte: „Ich bleibe im Bett liegen, dann wird es bald besser werden."

Drei Tage später schickte die Mutter Tim wieder in die Schule. Seine Mitschüler sprachen nicht mit ihm, weil sie vereinbart hatten, dass sie nur fiese Kommentare abgeben wollten. Im Unterricht schrieb Alex Briefe mit frechen Bemerkungen, doch Tim wollte es nicht den Lehrern sagen, da diese schon ziemlich sauer auf ihn waren.

Frau Meyer hatte mit ihren Kollegen gesprochen, weil Tim sich so verändert hatte: „Wisst ihr, was mit Tim los ist? Er fehlt teilweise unentschuldigt und hat ständig Auseinandersetzungen mit den Klassenkameraden. Außerdem lügt er immer wieder."

Aber auch die anderen Lehrer hatten nicht durchschaut, dass Alex Tim schon seit längerer Zeit mobbte.

Wegen der Fotos in Facebook fragten die Mitschüler: „Tim, willst du wieder den Weihnachtsmann besuchen?"

Traurig ging Tim zu Sarah und fragte, ob irgendetwas passiert war. Er sagte zu ihr: „Ich weiß nicht, warum es so lange dauert, bis Facebook endlich den Fake-Account löscht. Ich hatte das Problem doch gemeldet."

Tim war völlig verzweifelt. Er wusste nicht mehr, was er noch unternehmen sollte. Die Lehrer verhielten sich ihm gegenüber misstrauisch, niemand glaubte ihm mehr so richtig, dass er die Wahrheit sagte.

Als Frau Meyer in die Klasse kam, wollte sie wissen, wo Tims Entschuldigungsbrief für die letzten drei Fehltage war. Tim redete sich heraus: „Meine Mutter hatte so viel Stress, dass sie es nicht geschafft hat die Entschuldigung zu schreiben." Er ärgerte sich, weil er den Brief daheim vergessen hatte.

Alex dachte sich an diesem Unterrichtstag eine neue Sache aus. Als die Klasse im Computerraum arbeitete, schrieb er in Tims Namen einen Brief an Sarah. Darin stand, dass Tim die Freundschaft mit Sarah beenden wollte, damit der Stress endlich aufhörte. Diesen Brief gab Alex an Robin weiter. Robin half gern seinem Freund und steckte den Zettel in der Hofpause heimlich in Sarahs Tasche. Dabei grinste er: „Irgendwann wird es Tim doch endlich kapieren, dass Sarah nicht seine Freundin sein sollte!"

Als Sarah daheim ihre Hausaufgaben machen wollte, holte sie die Bücher und Hefte aus ihrer Tasche. Sie entdeckte den Zettel und fragte sich verwundert: „Was ist das?" Nachdem sie die Nachricht gelesen hatte, war sie sehr sauer. Sie war sich nicht mehr sicher, ob dieser Brief von Tim war oder ob ein Fremder ihn geschrieben hatte. Tim war die letzte Zeit so verzweifelt, dass sie nicht mehr wusste, ob er zu so einem Brief fähig war. Sie überlegte: „Soll ich mit Tim Schluss machen?"

Am nächsten Tag stellte sie Tim zur Rede: „Wie kannst du mir diesen Brief schreiben? Ich muss mir wirklich überlegen, ob wir unsere Freundschaft nicht beenden sollen."

Tim war geschockt, er wusste nicht, was passiert war und warum Sarah sauer war. Er hatte große Angst, dass die Beziehung beendet würde.

Er flehte Sarah an: „Was meinst du? Was soll ich gemacht haben?"

Aber Sarah lief einfach weg.

Um die Situation zu retten, schrieb Tim einen Entschuldigungsbrief an Sarah. Doch diese zerriss den Brief, denn sie wollte lieber ein Gespräch, um alles zu klären. Nach dem Unterricht rannte Tim Sarah hinterher, aber Sarah fuhr ihn an:

„Geh weg, ich muss erst einen Tag darüber nachdenken, wie alles weitergeht."

Tim übergab Sarah am nächsten Tag einen zweiten Entschuldigungsbrief, aber sie nahm den Brief, zerriss ihn und warf ihn in den Mülleimer. Alex beschimpfte Tim als Streber. Tim fühlte sich ausgeschlossen und dachte darüber nach, ob er wirklich ein Streber war. An diesem Vormittag sprach Tim mit keinem, auch nicht mit Sarah. Denn er vermutete, dass Sarah nicht mehr die Freundin eines Strebers sein wollte. Während des Unterrichts gab Tim keinen Mucks von sich.

Danach verließ er das Klassenzimmer mit hängendem Kopf und hielt sich an den Trägern seines Rucksacks fest, um Halt zu bekommen. Er sagte tschüss zu Sarah, die auf ihn wartete, und ging dann stur weiter. Sarah lief ihm hinterher und packte ihn an der Schulter. Tim meinte, sie wollte wieder mit ihm streiten, aber sie sagte: „Ich möchte mich nur entschuldigen für den Streit in den letzten Tagen."

Tim strahlte: „Ich nehme deine Entschuldigung an."

Sarah war fröhlich: „Danke, dass du das tust."

Jetzt war Tim sehr erleichtert.

In der Zeit, in der sich die beiden versöhnten, war Alex wieder bei einer neuen Aktion. Er suchte längere Zeit im Internet, bis er ein Versandhaus fand, das ohne Überprüfung Möbel verschickte. Hier bestellte er einen Schrank und einen Schreibtisch. Er gab den Namen und die Adresse von Tim an. Alex freute sich, dass er es wieder geschafft hatte, Tim etwas Schlimmes anzutun.

Einige Tage später wollten sich Tim und Sarah nachmittags treffen. Es klingelte. Doch als Tim aus dem Fenster schaute, stand nicht nur Sarah da, sondern auch ein großer Möbeltransporter. Die Mutter fragte Tim entsetzt: „Was um alles in der Welt hat dieser Transporter vor unserer Haustür zu tun? Wem gehören die Möbel, die die Männer gerade heraustragen?"

Tim hatte keine Ahnung. Der Fahrer fragte die Mutter: „Hallo, eine Lieferung für Tim Grau, bin ich hier richtig?"

Die Mutter erwiderte: „Ja, Sie sind richtig, aber wir haben nichts bestellt."

Nun schimpfte der Fahrer: „Die zwei Möbel wurden über einen Internetversand bestellt. Es war Arbeit, die Sachen einzuladen und zu transportieren."

Ärgerlich entgegnete die Mutter: „Ich wiederhole: Wir haben nichts bestellt."

Der Kollege des Fahrers stand vor der Haustür und fragte: „In welches Stockwerk kommen die Möbel?"

Doch da brüllte der Fahrer: „Wir haben ein Problem. Die Lieferung wurde angeblich nicht bestellt."

Der Kollege drohte: „Egal, wer es bestellt hat, Sie müssen bezahlen."

Aber die Mutter wusste, dass man Pakete nicht annehmen muss, die man nicht bestellt hat.

Da sie sich weigerte, die Möbel anzunehmen, fuhren die beiden Männer schließlich laut schimpfend wieder weg.

„Tim, wie konntest du nur so etwas tun?", regte sich die Mutter auf.

„Aber ich war es doch nicht! Ich schaue nur manchmal im Internet Möbel an, die mir gefallen. Ich habe nie etwas bestellt!", verteidigte sich Tim.

„Was ist nur in letzter Zeit los?", wollte die Mutter wissen. „Erst bekommst du Pornofilme geschickt, heute stehen Möbel vor der Tür. Dafür muss es doch einen Grund geben!"

Sarah half ihrem Freund: „Frau Grau, ich kann es bestätigen, dass Tim gemobbt wird. Jemand verschmutzt auch immer wieder seinen Facebook-Account. Bestimmt ist es die gleiche Person, die auch die Bestellungen aufgegeben hat."

Die Mutter war zuerst sprachlos. Dann meinte sie: „Aber dagegen müssen wir doch etwas unternehmen!"

Tim antwortete: „Das habe ich doch schon. Ich habe bei Facebook das Problem gemeldet, aber die antworten nicht. Und ich habe schon mehrere Personen gefragt, was ich machen kann. Keiner konnte mir helfen."

Die Mutter meinte ratlos: „Leider kenne ich mich mit sozialen Netzwerken nicht aus. Ich frage mal Florian, ob er eine Idee hat, was wir tun können. Und wer mobbt dich?"

Sarah berichtete: „Alex will unbedingt, dass ich seine Freundin bin. Er ist neidisch auf Tim. Deshalb hetzt er die ganze Klasse gegen Tim auf."

Sie erzählte der Mutter von einigen Aktionen, die Alex gegen Tim durchgeführt hatte. Tim hörte zu und ließ dabei den Kopf hängen. Es war ihm sehr peinlich, dass jetzt das meiste herauskam. Eigentlich hatte er gehofft, er könnte das Problem ohne seine Mutter lösen. Er wollte selbst stark sein. Mittlerweile war ihm die Sache jedoch über den Kopf gewachsen. Aber er war auch erleichtert, dass Sarah ihm half und die Mutter nun vieles wusste.

Die Mutter war entsetzt: „Und das erzählt ihr jetzt erst? Nun wird mir einiges klar. Tim, warum hattest du so wenig Vertrauen zu mir, dass du mir das nicht erzählt hast?"

Tim gab keine Antwort, er schämte sich.

„Ich werde gleich nachher Frau Meyer anrufen und ihr von Alex' Mobbingaktionen berichten", beschloss Frau Grau wütend.

Das tat die Mutter auch. Sie erreichte Frau Meyer zwar erst am Abend, aber dann gab es ein ausführliches Gespräch. Die Klassenlehrerin war sich nicht sicher, dass die Schuld allein bei Alex lag.

Sie berichtete Frau Grau: „Tim hat sich sehr negativ verändert. Er kommt immer wieder nicht zum Unterricht und bringt mehrfach keine Entschuldigungen. In der Klasse fällt er durch aggressives Verhalten auf."

Frau Grau entgegnete: „Aber das ist doch kein Wunder, wenn er so gemobbt wird. Er will sich doch nur verteidigen."

Darauf antwortete Frau Meyer: „Haben Sie Beweise, dass Alex wirklich alle diese Dinge Tim angetan hat? Die Mitschüler habe ich schon öfter gefragt. Sie sagen, dass Tim sie immer wieder angreift, so dass es zu Prügeleien kommt."

Tims Mutter gelang es nicht Frau Meyer davon zu überzeugen, dass Alex das Mobbing sehr geschickt durchführte, damit den Lehrern nichts auffiel.

Auf dem Nachhauseweg kaufte Sarah zum Trost ein kleines Geschenk für Tim und wollte es ihm am nächsten Tag in der Schule geben. Doch Tim kam nicht. Seine Mutter hatte ihn telefonisch entschuldigt. Nach der Schule besuchte ihn Sarah und gab ihm das Geschenk. Tim war sehr traurig. Sarah erkundigte sich: „Wieso bist du traurig?" Tim antwortete zuerst nicht, er sah sehr blass aus. „Mir geht es nicht gut", erwiderte er. Aber Tims Gedanken waren immer noch beim Tag zuvor. Die Möbellieferung hatte ihm einen Schock versetzt. Sarah war enttäuscht, dass Tim nicht viel reden wollte und sich nicht richtig über das Geschenk freute, sie ging bald nach Hause. Später meldete sich Sarah über WhatsApp bei Tim, aber Tim tat so, als ob er nicht da wäre. Nach einer Weile schrieb er Sarah zurück, dass es ihm noch immer nicht gut ging.

In den nächsten Tagen bekamen Tim und Sarah Hilfe von einem Mitschüler, von dem sie es nicht erwartet hätten. Julian war der beste Schüler der Klasse. Er war ziemlich unbeliebt bei den anderen, die neidisch auf seine guten Noten waren. Bei den Lehrern war er dagegen sehr beliebt. Er hatte braune, kurz geschnittene Haare und ein oval geformtes Gesicht mit vielen Leberflecken. Julian trug eine Brille mit runden Gläsern. Sein Hemd steckte er immer in die Hose und zog die Hose hoch bis weit über den Bauchnabel. Das sah komisch aus, weil er ziemlich dick war. Seine braune Jacke wirkte altmodisch und war aus Leder.

Julian fiel seit einigen Wochen auf, dass Tim immer mehr Probleme in der Klasse hatte. Er suchte einen Freund und sprach mit Tim.

„Soll ich dir helfen? Alex und die anderen versuchen dich doch fertigzumachen", sagte er zu Tim.

Tim mochte Julian zwar nicht, aber er suchte nach Hilfe und freundete sich mit ihm an. Auch Sarah war froh, dass jemand ihnen half. Alex war darüber natürlich sehr wütend. Ausgerechnet der Streber musste sich mit Tim und Sarah anfreunden. Wie konnte er es nur wagen? Hatte er keinen Respekt vor Alex, dem Boss der Klasse?

Als Alex zusammen mit Robin Tim im Treppenhaus der Schule provozierte, rastete dieser aus und schlug Alex ins Gesicht. Sofort stürzten sich mehrere Jungen auf Tim und schlugen ihn zusammen. Es gab eine heftige Prügelei und Tim konnte sich gegen so viele nicht verteidigen. Dabei fiel er die Treppe hinunter und knallte mit dem Kopf auf eine Stufe. Er schrie vor Schmerz laut auf und blieb liegen. Als Sarah Tim schreien hörte, rannte sie schnell herbei. Sie sah Tim auf dem Boden liegen. Da weinte sie und rannte ins Sekretariat, wo der Krankenwagen gerufen wurde. Sarah flossen Tränen aus den Augen, sie konnte sich fast nicht beruhigen.

Die Ambulanz kam und nahm Tim mit ins Krankenhaus. Sarah durfte leider nicht mit. Deswegen rannte sie zu Frau Meyer und meldete ihr aufgeregt, dass Tim geschlagen worden war. Julian hatte alles beobachtet. Die beiden gingen zum Rektor und sagten: „Tim wurde zusammengeschlagen."

Der Rektor war geschockt und sehr sauer. Er fragte die Schüler der 8. Klasse, was passiert war. Aber niemand wollte Alex und seine Freunde verraten. Frau Meyer hatte den Verdacht, dass Alex beteiligt war. Sie erinnerte sich an das Telefongespräch mit Tims Mutter.

Der Rektor holte Alex zu sich, Frau Meyer war bei dem Gespräch dabei. Er fragte streng: „Hast du was mit der Schlägerei zu tun?"

„Nein, ich stand zu weit weg. Ich habe nicht erkannt, wer angefangen hat", meinte Alex.

„Okay, wenn du ein Problem hast es zuzugeben, dann wirst du von der Schule verwiesen", fuhr ihn der Rektor an. Er war sich sicher, dass Alex log, denn Julian hatte ihm den Ablauf des Streits berichtet. Der Rektor kannte Julian gut und glaubte, dass dieser die Wahrheit erzählte.

„Okay, ich habe Tim geschlagen, aber nur ganz leicht, weil er mich geärgert hat", stotterte Alex.

„Solche Schlägereien dulde ich nicht, merk dir das!", rief der Rektor. Er bestimmte, dass Alex zwei Tage Unterrichtsausschluss bekam.

Nach dem Unterricht fragte Frau Meyer Sarah: „Weißt du, was zwischen Tim und Alex ist?"

Sarah antwortete: „Alex ist neidisch, weil ich Tims Freundin bin. Er mobbt Tim schon die ganze Zeit und die anderen in der Klasse machen fast alle mit."

Frau Meyer erschrak: „Das habe ich nie richtig gemerkt. Danke, Sarah, du hast mir geholfen. Ich muss überlegen, was ich gegen das Mobbing in der Klasse unternehmen kann. Wenn Tim wieder in der Schule ist, rede ich mit ihm."

Nach dem Unterricht ging Sarah zu Tim in die Kinderklinik am Neckarufer. Sie hatte einen Blumenstrauß und Pralinen für Tim gekauft. Am Eingang des großen, alten Gebäudes fragte sie bei der Information: „Ich möchte Tim Grau besuchen. Auf welcher Station liegt er denn?"

Eine freundliche Mitarbeiterin schaute im Computer nach und antwortete: „Er liegt auf der Station 30-2 in Zimmer 4."

Sarah bedankte sich. Sie suchte die Station und klopfte an der Tür von Zimmer 4. Tim lag mit einem Verband um den rechten Arm im Bett.

Sarah umarmte ihren Freund und sagte: „Hallo Tim, gute Besserung. Ich hatte Angst um dich. Wie geht es dir?"

Tim antwortete: „Sarah, mir geht es einigermaßen gut. Vielen Dank für deinen Besuch. Es ist toll, dass du kommst. Haben die Lehrer in der Schule herausgefunden, dass Alex wieder schuld war?"

„Zum Glück hat Julian dem Rektor alles erzählt. Dem wurde geglaubt, weil ihn die Lehrer gut leiden können. Alex kam mit seinen Lügen nicht durch und bekommt Unterrichtsausschluss.

Das hat uns Frau Meyer gesagt. Sie merkt langsam, was in der Klasse los ist", berichtete Sarah.

„Wann wirst du entlassen?", wollte sie dann wissen.

Tim sagte: „Wahrscheinlich in drei Tagen. Ich habe eine Gehirnerschütterung und eine Prellung am Arm."

Sarah war erleichtert. Nach zwei Stunden verabschiedete sie sich: „Ich muss jetzt leider gehen, Tim, tschüss."

Als Sarah zu Hause war, rief sie Frau Meyer an: „Hallo Frau Meyer, ich war gerade bei Tim und es geht ihm einigermaßen gut. Er hat mir erklärt, dass Alex und seine Freunde ihn geschlagen haben."

Frau Meyer bedankte sich für den Anruf und wollte genauer wissen, wie es Tim ging. Nach einer Woche holten Frau Grau und Sarah Tim im Krankenhaus ab. Als Tim wieder in die Schule gehen konnte, kam Frau Meyer auf ihn zu und sagte:

„Tim, kannst du mal mitkommen? Der Rektor wartet schon auf dich."

Tim erzählte dem Schulleiter den ganzen Ablauf der Schlägerei und jetzt bekamen nicht nur Alex, sondern auch seine Freunde eine Strafe. Tim bedankte sich bei Julian, weil dieser ihm durch seine Aussage geholfen hatte.

Doch Alex war sehr wütend über diese Entwicklung. Er hatte alles versucht, um Tim und Sarah auseinanderzubringen. Nichts hatte geholfen. Die Beziehung zwischen Tim und Sarah wurde immer fester. Er selbst wurde vom Rektor bestraft. Und dieser dumme Julian musste dem Liebespaar auch noch helfen. Vor allem regte sich Alex über Sarah auf. Die war zusammen mit Julian daran schuld, dass der Rektor die Wahrheit über die Schlägerei erfuhr. Dafür hatte Sarah wirklich eine Strafe verdient. Doch was sollte er tun, um ihr zu schaden? Vielleicht konnte er sich auch in Sarahs Facebook-Account einloggen. Doch wie sollte er es anstellen?

Über Tessa konnte er nichts herausbekommen, sie war zu eng mit Sarah und Tim befreundet. Aber vielleicht wusste Isabel etwas. In der folgenden Woche musste Sarah zusammen mit Isabel eine Präsentation in Englisch halten. Dazu brachte sie ihren Laptop in die Klasse mit. In der Pause vor der Englischstunde holte Sarah den Wagen mit dem Beamer. Sie wollte ihren Laptop an den Beamer anschließen. Als Sarah das Klassenzimmer verlassen hatte, kam Alex auf Isabel zu.

Isabel war hübsch, sie trug meist enge Hosen und ein weit ausgeschnittenes Top. Da es kalt war, hatte sie eine schwarze Jacke angezogen. Isabel hatte dunkelbraune Haare und ein schmales Gesicht. In der Klasse war sie beliebt, weil sie sehr nett war.

Alex fragte Isabel: „Soll ich euch helfen den Beamer anzuschließen?"

Isabel antwortete: „Eigentlich müssten wir allein klarkommen. Aber du kannst uns schon helfen."

Alex nahm Sarahs Laptop in die Hände und schaute ihn aufmerksam an. Unauffällig drehte er ihn auf die Rückseite. Bingo! Er hatte Glück. Sarah war unvorsichtig gewesen: Sie hatte ihre Passwörter für den Facebook-Account und für das E-Mail-Programm mit winziger Schrift auf einen Aufkleber geschrieben und auf die Rückseite des Laptops geklebt. Alex strahlte vor Glück. Endlich konnte er seinen Plan ausführen. Isabel merkte nichts davon, weil sie ein paar Plakate für die Präsentation aufhängte. Als Sarah mit dem Beamerwagen ins Klassenzimmer kam, verschwand Alex.

Am Nachmittag setzte er sich an seinen PC und hackte Sarahs Facebook-Account. Er loggte sich ein und stellte ein Foto von Julian auf die Seite, das er im Schullandheim aufgenommen hatte. Dazu schrieb er: „Der hässlichste und fetteste Junge der Schule. Julian ist der Loser der Klasse." Wie bei Tim änderte Alex nach dieser Aktion das Passwort, dass Sarah sich nicht mehr einloggen konnte.

Am nächsten Morgen erzählten die Mitschüler, was sie auf Sarahs Facebookseite gefunden hatten. Sie zeigten Sarah das Bild und den Kommentar. Als Sarah es sah, war sie geschockt. Sie konnte es nicht fassen. Der Rektor erfuhr schnell davon und rief Sarah zu sich.

Er war sauer: „Sarah, was soll das? Du stellst von jemandem ein Foto auf dein Profil, ohne zu fragen, und beleidigst ihn noch! Das geht überhaupt nicht, du wirst dich entschuldigen und sofort alles löschen!"

Sarah kamen die Tränen. Sie erklärte: „Nun geht es mir wie Tim. Auch bei ihm wurde der Account gehackt und dumme Sachen hineingestellt. Ich weiß wirklich nicht, wie das passieren konnte. Zu Hause werde ich versuchen den Mist zu löschen."

Der Schulleiter glaubte ihr.

Als Sarah daheim war, konnte auch sie sich nicht mehr einloggen. Sie meldete das Problem gleich bei Facebook, aber sie hatte nicht viel Hoffnung. Denn Tim hatte bisher immer noch keine Antwort auf seine Beschwerde erhalten.

Drei Tage später befand sich ein Bild des Rektors auf Sarahs Facebookseite mit dem Kommentar: „Der Rektor ist dumm und gemein." Der Schulleiter ließ Sarah wieder in sein Büro kommen. Sarah war geschockt, aber sie erklärte ihm, dass sie sich nicht mehr auf ihrem Account einloggen konnte.

Verzweifelt besprach Sarah das Problem mit Tim.

Tim fragte: „Hast du dein Passwort jemandem gesagt oder hast du es auf ein Blatt geschrieben und es fallen lassen?"

Sarah sagte: „Nein, ich habe es niemandem verraten. Ich habe es ganz klein auf die Rückseite des Laptops geschrieben."

Tim runzelte die Stirn: „Das war leichtsinnig. Hat es jemand gesehen?"

Sarah antwortete: „Vielleicht Isabel bei der Präsentation in Englisch."

Beide gingen sofort zu Isabel und fragten sie.

Isabel antwortete: „Ich schwöre euch, ich habe nichts gesehen. Und ich würde nie so fiese Sachen in Facebook schreiben."

Tim sagte: „Das Wichtigste ist: Wir müssen den Täter herausfinden, denn du weißt, er macht immer schlimmere Sachen."

Sarah entgegnete verwirrt: „Wie müssen es Frau Meyer sagen, damit sie uns hilft."

Tim antwortete: „Das stimmt, Sarah, das ist eine gute Idee. Aber ich habe das Gefühl, dass Alex dahintersteckt. Wahrscheinlich hat er das Gleiche mit mir gemacht und vielleicht möchte er sich an dir und Julian rächen. Oder was denkst du?"

Sarah überlegte und sagte: „Tim, das kann sein. Weil wir beim Rektor waren, hat er Unterrichtsausschluss bekommen."

Sie gingen zu Frau Meyer und berichteten ihr alles.

Frau Meyer seufzte: „Ach, fängt das wieder an? Okay, ich glaube euch. Aber wer hat das gemacht? Ich werde jetzt mit dem Rektor sprechen."

Tim ergänzte: „Frau Meyer, ich glaube, dass es Alex war, weil das Gleiche bei meinem Account passiert ist. Vielleicht will Alex sich jetzt an Sarah rächen."

Frau Meyer antwortete nachdenklich: „Das sind nur Vermutungen, Tim. Wir können erst etwas machen, wenn wir Beweise in der Hand haben."

Kapitel 7

Gerade an einem der folgenden Tage, als Tim und Sarah völlig verzweifelt waren und keinen Ausweg mehr wussten, kam der entscheidende Tipp. Robin fragte Tim während der Pause: „Hast du in der letzten Zeit Möbel bestellt?"

Tim antwortete darauf: „Nein, oder hast du was damit zu tun?"

Plötzlich kam Alex vorbei und zog Robin in eine Ecke. Alex fuhr ihn an: „Halt dein Maul, willst du, dass alle wissen, dass ich das war?"

Tim rief: „Was hast du da gesagt?"

„Nichts, wir haben nichts gesagt, halt dich aus unseren Angelegenheiten raus, sonst gibt's auf die Fresse!", schrie Alex.

Es hatte geklingelt, alle gingen ins Schulhaus und nur Alex und Robin blieben noch auf dem Hof. Tim fiel auf, dass die beiden im Klassenzimmer fehlten.

Er dachte: „Was Robin und Alex wohl noch machen? Eigentlich ist es super, dass sich Robin verraten hat. Jetzt weiß ich wenigstens sicher, dass Alex und Robin mit den Bestellungen etwas zu tun haben."

Tim fragte Frau Meyer: „Darf ich auf die Toilette?"

„Ja, wenn du dich beeilst", antwortete sie.

Tim ging ganz schnell auf den Hof und belauschte die beiden hinter einem Gebüsch. Er hörte Alex sagen:

„Ich glaube langsam, dass Tim Verdacht schöpft. Sei bloß ruhig, Robin!"

In der nächsten Pause ging Tim zu Alex und Robin: „Warum habt ihr mit meiner E-Mail-Adresse Möbel bestellt? Das sage ich dem Schulleiter."

„Du hast sowieso keine Beweise, du Klugscheißer, und wenn du welche hättest, wären die Beweise schon längst zerstört", schimpfte Alex.

Tim ging der Satz von Robin nicht mehr aus dem Kopf. Woher sollte Robin denn etwas von den Möbeln wissen? Außer ihm, seiner Mutter und Sarah wusste doch niemand Bescheid. Die einzige Erklärung war, dass Robin und vielleicht Alex die Bestellung durchgeführt hatte. Tim war ein bisschen erleichtert. Endlich kam er den Tätern auf die Spur.

Nachmittags war Tim auf den Planken, der Mannheimer Einkaufsstraße. Er bummelte durch die Fußgängerzone, als er plötzlich Robin sah. Auch Robin hatte ihn bemerkt, er kam sofort auf Tim zu.

„Wann hörst du endlich mit deinen Lügen auf?", fuhr Robin Tim an. „Ich habe mit der Möbelbestellung nichts zu tun."

„Es ist nur sehr, sehr seltsam, dass du etwas davon weißt. Bisher habe ich es nämlich noch niemandem erzählt", antwortete Tim bestimmt.

„Ehrenwort, ich habe wirklich nichts damit zu tun", beteuerte Robin.

„Und wer war es dann?", wollte Tim wissen.

„Das kann ich nicht sagen."

„Robin, dann weiß ich Bescheid. Dann kann es nur dein Freund Alex gewesen sein."

„Dazu will ich nichts sagen", erwiderte Robin.

„Und ich sage nur noch ein Wort: Filme", fuhr Tim fort.

„Ich habe mit Pornofilmen nichts zu tun!", rief Robin empört. Er konnte nicht verhindern, dass sein Kopf rot anlief.

„Bingo!", freute sich Tim. „Das ist der zweite Beweis. Niemand außer meiner Mutter wusste, dass ich Pornofilme geschickt bekam. Also war es wieder eine Idee von Alex, oder?"

„Ich kann nur sagen, dass ich noch nie Pornofilme bestellt habe", versuchte sich Robin herauszuwinden. Das Gespräch wurde immer unangenehmer für ihn.

„Du bist ein guter Freund von Alex, du willst ihn nicht verraten. Aber wieso ärgert ihr mich? Ich habe euch doch nichts getan!", beschwerte sich Tim. Er wollte endlich Klarheit bekommen, was der Grund für das heftige Mobbing war.

„Du hast Alex die Freundin weggenommen. Dann ist es doch klar, dass wir dich ärgern", war Robins Antwort.

„Ich habe sie nicht weggenommen. Sarah kam von alleine zu mir und hat mich gefragt", protestierte Tim.

„Aber du hast ja gesagt und du bist schon die ganze Zeit mit ihr zusammen", antwortete Robin, „wir werden euch nicht in Ruhe lassen."

„Hey, du weißt, ich kann dich beim Schulleiter melden", drohte Tim.

„Lüge! Alles ist nicht wahr!", schrie Robin. „Sag nochmal so was über mich und meine Faust landet in deiner Fresse!"

Mit neuer Hoffnung schrieb Tim Sarah über WhatsApp an: „Robin hat sich immer mehr verraten! Es ist jetzt sicher, dass er und Alex hinter den Gemeinheiten stecken."

Sarah schrieb gleich zurück: „Super! Sollen wir es sofort Frau Meyer und dem Schulleiter sagen? Oder sollen wir erst noch mehr Beweise sammeln?"

Die beiden schickten noch einige Nachrichten hin und her, dann war klar: Es war viel besser, noch mehr Beweismaterial zu sammeln, denn Alex und Tim würden in der Schule alles abstreiten.

Tim dachte am nächsten Morgen noch immer über das Gespräch mit Robin nach. Er konnte es kaum fassen, dass Robin Alex bei seinen Gemeinheiten unterstützte. Dabei war Robin am ersten Schultag doch nett gewesen, fast wären sie Freunde geworden. Tim dachte sich: „Schade, dass es so gelaufen ist."

Als er noch darüber nachdachte, kam Herr Ding ins Klassenzimmer und wollte einen unangekündigten Mathe-Test schreiben lassen.

Alex und Robin flüsterten Tim zu: „Lass uns abschreiben, sonst weißt du, was passieren kann."

Tim ließ sie abschreiben. Er lachte innerlich dabei und dachte: „Toll, jetzt habe ich eine richtig gute Gelegenheit, es euch beiden heimzuzahlen."

Alex und Robin wussten nämlich nicht, dass Tim dieses Mathethema ausnahmsweise einmal gut verstanden hatte. Er schrieb erst falsche Lösungen auf und, nachdem Robin und Alex abgeschrieben hatten, schnell die richtigen. Herr Ding korrigierte noch in der Unterrichtsstunde die Tests. Alex und Robin bekamen eine Sechs und Tim eine Eins. Ihr Hass auf Tim wurde noch größer.

Tim und Sarah versuchten in den nächsten Tagen, Beweise dafür zu finden, dass Alex ihre Accounts bei Facebook gehackt hatte. Schließlich kam den beiden ein paar Tage später der Zufall zu Hilfe. Alex wollte Frau Meyer ein Video zeigen, das er mit Robin gedreht hatte. Er gab der Lehrerin seinen Laptop in einer Tasche, damit das Gerät nicht gestohlen werden konnte. Frau Meyer wollte den Laptop ins Lehrerzimmer mitnehmen und sich dort das Video anschauen. Sie vergaß aber die Tasche, deshalb lag der Laptop noch im Klassenzimmer. Tim wollte nach dem Unterricht mit Frau Meyer über die Facebook-Kommentare reden. Leider war die Klassenlehrerin schon gegangen.

Tim wollte nun auch nach Hause gehen, aber da entdeckte er Alex' Laptoptasche. Es hatte einen zu großen Reiz nachzuschauen, ob Alex der Täter war. Tim öffnete die Tasche und nahm den Laptop heraus. Er stellte das Gerät auf das Lehrerpult und schaute nach, ob jemand kam. Gerade, als Tim die Tür schließen wollte, sah er Sarah auf dem Flur.

„Tim, was machst du da?", rief sie erstaunt.

„Alex hat seinen Laptop hier vergessen. Vielleicht finden wir Beweise, dass Alex schuld ist."

„Pack den Laptop ein", schlug Sarah vor, „wir nehmen ihn mit zu mir nach Hause und schauen da nach."

„Danke, du bist die Beste!"

Tim packte den Laptop wieder ein, während Sarah an der Tür Wache hielt. Er nahm die Tasche und ging mit Sarah die Treppe hinunter. Unten an der Treppe standen Sarahs Freundinnen.

„Ey, was habt ihr da? Ist das nicht Alex' Laptoptasche?", fragten sie.

Tim erwiderte genervt: „Das geht euch nichts an." Er ging schnell an den Mädchen vorbei.

Tim und Sarah mussten beim Nachhauseweg an Alex' Wohnung vorbeilaufen. „Oh Mann, wie sollen wir das bitte machen?", fragte Sarah verzweifelt.

„Wir gehen einfach einen Umweg. Das dauert zwar ein bisschen länger, ist es aber wert", war Tims Vorschlag. Auf dem Weg kamen sie an einem Supermarkt vorbei, in dem gerade Alex, Robin und ihre Kumpels einkauften.

„Ey, Alex, ist das nicht deine Laptoptasche?", machten ihn seine Freunde aufmerksam.

„Ehm ... ja!"

Alex rannte aus dem Supermarkt. Er sah Tim und Sarah davonflitzen.

„Tim", schrie Alex, „gib sofort meinen Laptop her!"

Doch Tim reagierte nicht darauf und rannte mit Sarah weiter. Es war eine richtige Verfolgungsjagd. Zum Glück war Alex kein guter Läufer und blieb bald hinter den beiden zurück. Aber Robin blieb ihnen dicht auf den Fersen. Fast hätte er sie eingeholt. Als sie bei Sarahs Haus angekommen waren, rissen sie im letzten Moment die Haustür auf und verschwanden dahinter. Sie drückten die Tür fest zu, damit Alex und seine Freunde nicht hereinkommen konnten. Diese hämmerten zwar gegen die Tür und läuteten Sturm, aber Sarah und Tim öffneten einfach nicht.

Tim lehnte sich erschöpft an die Wand im Hausflur: „Puh. Nochmal Glück gehabt. Wir werden morgen große Probleme bekommen."

„Oh ja, aber es ist egal. Wir haben vielleicht die Beweise!", meinte Sarah.

„Ja, du hast recht. Gehen wir hoch!"

Sarah ging mit Tim in ihr Zimmer. Tim setzte sich an ihren Schreibtisch und packte den Laptop von Alex aus. Sarah warf sich auf ihr Bett und schaute zu.

„So, und jetzt werden wir gleich sehen, ob Alex der Täter war", meinte Sarah und konnte es kaum abwarten.

Tim zitterte am ganzen Körper und durchsuchte den Laptop von Alex. Aber die Beweise waren gar nicht so einfach zu finden. Tim klickte mehrere Ordner an: „Schule", „Klasse", „Spaßfotos", „Facebook" – nirgendwo fand er das Material, das er suchte.

„Sarah, kannst du mir bitte helfen?", bat er sie um Unterstützung.

Seine Freundin dachte nach, in welchen Dateien die Bilder und Kommentare gespeichert sein könnten. Sie untersuchten den Inhalt von vielen Ordnern, aber es war nichts zu finden.

Schließlich fiel ihnen ein Ordner mit der Bezeichnung „Opfer" auf. Sie öffneten ihn und da waren endlich die Beweise: Fotos vom Schullandheim mit Tims Unterwäsche; Fotos von seinem Handy mit den Kinderbildern und den Aufnahmen vom Weihnachtsfest; Fotos von Mitschülern und Lehrern, die Alex mit schlimmen Kommentaren bei Facebook gepostet hatte.

„Da sind sie, die Fotos. Also war doch Alex die ganze Zeit schuld", sagte Tim wütend.

„Das war ja klar, ich habe das immer vermutet", antwortete Sarah.

Doch sie schaute die Dateien noch einmal genau durch.

„Tim, in dem Ordner sind nicht nur Bilder. Da gibt es auch drei Dokumente", meinte Sarah.

Beide schauten sich ein Word-Dokument an und konnten ihr Glück kaum fassen: Hier hatte Alex zwei Passwörter gespeichert.

„Wetten, dass das die geänderten Passwörter von unseren Facebook-Accounts sind?", flüsterte Tim aufgeregt.

Und so war es auch. Sarah und Tim probierten es gleich aus. Sie benutzten die Passwörter und konnten sich auf ihren Accounts wieder einloggen. Beiden fiel ein Stein vom Herzen. Sie waren sehr erleichtert, dass sie nun endlich alle Beweise in der Hand hatten, um Alex das Mobbing nachzuweisen.

„Etwas ganz Wichtiges dürfen wir jetzt nicht vergessen", rief Sarah, „mir ist es zum Glück gerade eingefallen!"

„Was meinst du denn?", wollte Tim wissen.

„Wir müssen sofort unsere Passwörter ändern. Dann kann sich Alex nicht mehr in unsere Accounts einloggen und keinen Müll mehr verbreiten. Wir haben ja gesehen, wie lange die Leute bei Facebook brauchen. Sie arbeiten so langsam wie eine Schnecke. Wir haben bis heute noch keine Nachricht erhalten, obwohl wir die Fake-Accounts gemeldet haben", sagte Sarah.

„Super, dass du daran gedacht hast", lobte sie Tim.

Sofort überlegten sich beide neue Passwörter. Aber mittlerweile waren sie schlauer, denn sie hatten durch die bösen Erfahrungen dazugelernt. Passwörter sollten verschiedene Buchstaben mit Groß- und Kleinschreibung, Sonderzeichen und Zahlen enthalten. Das hatten Sarah und Tim auf der Internetseite „Klicksafe" gelernt.

„Weißt du noch, dass ein Passwort keinen Sinn ergeben sollte? Es gibt Hackerprogramme, die schnell irgendwelche bekannten Wörter herausfinden können. Ich hatte ein viel zu einfaches Passwort: „bayerischemotorenwerke". Diesen Fehler mache ich nie mehr", erinnerte sich Tim.

Dann öffneten sie die zwei anderen Dokumente in dem Ordner „Opfer". „Juhu, es ist nicht zu fassen, dass Alex so dumm war!", schrie Sarah vor Freude. Alex hatte doch tatsächlich die Belege seiner Bestellungen gespeichert, die er im Namen von Tim durchgeführt hatte. Sarah und Tim sahen es nun schwarz auf weiß: Es gab eine Bestellung von Pornofilmen und eine von Möbeln. Sie umarmten sich vor Freude und tanzten ausgelassen im Zimmer umher. Schließlich packte Tim den Laptop wieder in die Tasche und zog Sarah vom Bett hoch. „Worauf warten wir noch? Wir beide gehen zur Polizei. Die Beweise haben wir und jetzt passt das."

Sie verließen Sarahs Zimmer und nahmen den Laptop in der Tasche mit. Dann stiegen sie in die Straßenbahn und fuhren zum Polizeirevier im Quadrat H 4 in der Mannheimer Innenstadt. Nach ein paar Minuten kamen sie dort an. Sie drückten energisch auf die Klingel. Als sie hereingelassen wurden, zeigten sie dem Polizisten sofort den Laptop.

„Wir haben die Beweise!", rief Tim.

„Was? Was für Beweise?!", fragte der Beamte.

„Hier. Das ist der Laptop von Alex. In dem Ordner „Opfer" sind alle Fotos, mit denen ich gemobbt wurde."

„Also wer ist dieser Alex?", fragte der Beamte.

„Alex ist ein Junge aus meiner Klasse. Er versucht immer auf Boss zu machen und hat mich nur in Schwierigkeiten gebracht."

Aber diese Angaben waren dem Beamten viel zu ungenau. Er nahm Tim und Sarah in einen anderen Raum mit. Alle setzten sich und der Beamte begann mit gezielten Fragen. Er wollte die Namen, die Adressen und das Alter von allen am Mobbing beteiligten Jugendlichen wissen. Manche Adressen wussten die beiden allerdings nicht. Auch von Tim und Sarah schrieb er diese Angaben auf. Dann ließ sich der Polizist den genauen Ablauf des ganzen Mobbingprozesses beschreiben. Als sie endlich fertig waren, waren fast zwei Stunden vergangen.

„Okay, wir kümmern uns darum", versprach der Polizeibeamte. „Aber es wird Zeit brauchen, bis wir alle Beweise geprüft haben. Außerdem müssen wir mit euren Eltern und mit der Schulleitung reden."

„Vielen Dank", antworteten die zwei und liefen aus der Polizeiwache. Sie machten sich auf den Weg zum Marktplatz, weil sie dort in die Straßenbahn einsteigen wollten.

Es war bereits dunkel und die Straßenbeleuchtung war angeschaltet worden. Die Fenster der vielen Geschäfte und Restaurants waren hell erleuchtet. Vor dem Brunnen auf dem Marktplatz setzten Tim und Sarah sich auf eine Bank und ruhten sich etwas von der Anstrengung aus. Weil beide hungrig waren, kauften sie sich einen Döner. Dann stiegen sie in die Straßenbahn und fuhren nach Hause.

Dort informierte Sarah kurz ihre Eltern, ging dann ihr Zimmer und verschloss die Tür. Sie fuhr ihren Laptop hoch und machte Musik. Plötzlich klingelte ihr Handy. Es war Tim, der mit ihr reden wollte.

„Hey. Alles okay?", fragte Tim.

„Hey, ja. Muss ja, oder nicht?", antwortete Sarah.

„Hm, ich wollte dir nur gute Nacht sagen und schlaf gut."

Am nächsten Morgen ging Tim in der Schule zu Alex und sagte: „Ich gehe jetzt zum Schulleiter und erzähle ihm, wie ihr mich mobbt!"

„Der wird deine Lügen sicher nicht glauben!", spottete Alex. Aber in Wirklichkeit hatte er Angst vor dem Rektor.

Tim ging wortlos zum Büro des Schulleiters und klopfte an die Tür. Als der Rektor ihn hereingerufen hatte, sagte Tim: „Alex ärgert mich die ganze Zeit, indem er Fotos von mir ins Internet stellt."

Der Schulleiter fragte: „Über deinen oder seinen Account?"

Tim antwortete: „Über meinen Account."

„Und woher hat er dein Passwort?", wollte der Rektor wissen.

„Er hat den Account gehackt, glaube ich, weil ich ihm nie mein Passwort gegeben habe", berichtete Tim.

Dann erzählte er dem Schulleiter von den vielen Mobbingaktionen, die Alex zusammen mit seinen Freunden durchgeführt hatte. Er sagte ihm auch, dass er mit Sarah bei der Polizei gewesen war und dass diese nun Alex' Laptop mit den Beweisen hatte.

„Ich werde mich darum kümmern", versprach der Schulleiter am Ende des Gesprächs. „Den Streit zwischen dir und Alex beobachte ich schon länger." Als es läutete, schickte er Tim ins Klassenzimmer.

Dort kam Alex auf ihn zu. Er schrie ihn an: „Gib meinen Laptop her!!!!"

Tim antwortete: „Ich habe ihn nicht, den hat die Polizei. Sie durchsucht alle Dateien und wird die Beweise für dein Mobbing finden."

Alex fiel der Unterkiefer herunter: „Was hast du gemacht? Du hast meinen Laptop geklaut und zur Polizei gebracht? Das wirst du bereuen!"

Am nächsten Tag in der Schule gab es auf einmal eine Lautsprecherdurchsage: „Tim und Alex bitte ins Rektorat!" Die beiden gingen die Treppe hoch ins Büro des Schulleiters.

Dort fragte er Alex: „Hast du wirklich die Bilder von Tim ins Internet gestellt und diese vielen schlimmen Kommentare gepostet?"

Alex antwortete selbstsicher: „Das stimmt überhaupt nicht! Tim hat Ihnen viele Lügen erzählt. In Wirklichkeit ist Tim ein Dieb, er hat zusammen mit Sarah meinen Laptop geklaut. Das können auch meine Freunde bezeugen, denn wir haben die beiden mit dem Laptop gesehen. Sie sind uns aber davongerannt."

Der Rektor fragte nicht weiter und schickte die beiden Jungen ins Klassenzimmer zurück. Ihm war klar, er musste mit Frau Meyer und der Polizei reden, damit er die Wahrheit erfuhr.

Als Tim am nächsten Morgen Sarah vor Unterrichtsbeginn sah, flüsterte diese ihm zu: „Alex kommt heute nicht."

Tim sah seine Freundin grinsend an und meinte: „Warum kommt er nicht?"

„Keine Ahnung, Robin hat es mir gesagt", war die Antwort.

In der ersten Stunde hatten sie Mathe, auf einmal klopfte es an der Tür, es war der Schulleiter. Er sagte: „Tim, kommst du mal mit raus vor die Tür?"

Im Flur berichtete er Tim: „Ich habe die Bilder und Kommentare, die Alex auf deinen Account gestellt hat, gesehen. Wenn Alex wieder da ist, werde ich ihn darauf ansprechen."

Tim ging mittags wieder mit Sarah nach Hause. Als sie aus der Straßenbahn ausstiegen, sahen sie Robin, der sich mit Alex unterhielt. Auch Alex hatte Tim gesehen. Er dachte: „Dieses Mal kriege ich dich und haue dir eine rein, weil du es dem Schulleiter gesagt hast!" Tim rannte zusammen mit Sarah schnurstracks geradeaus über die Straße. Als sie vor Sarahs Haustür stehen blieben, sahen sie, dass Alex die Verfolgung aufgegeben hatte.

In ihrem Zimmer fragte Sarah Tim, was sie jetzt tun sollten. Also mailten sie den Schulleiter an, ob er schon etwas herausgefunden hatte. Später schrieb der Rektor zurück:

Lieber Tim,

du musst noch etwas Geduld haben. Die Nachforschungen der Polizei brauchen Zeit. Ich werde in den nächsten Tagen mit den Eltern von allen Schülern, die mit der Sache zu tun haben, Gespräche führen.

Tim sagte: „Das hört sich gut an, Alex wird richtigen Ärger bekommen!"

„Das kannst du laut sagen", entgegnete Sarah.

Auch am nächsten Tag kamen Alex und Robin nicht zur Schule. Tim dachte: „Zum Glück kommen die beiden nicht, dann muss ich ihre hässlichen Gesichter nicht sehen."

Die Lehrerin fragte nach, wo die beiden steckten, aber niemand in der Klasse gab eine Antwort. „Okay, dann müssen wir mal einen Tag ohne Alex und Robin überstehen. Ich rufe heute Nachmittag ihre Eltern an", meinte Frau Meyer. Tim lehnte sich weit zurück und entspannte sich, denn an diesem Tag gab es keinen Stress mit Alex und Robin.

Währenddessen liefen Alex und Robin in der Mannheimer Innenstadt herum. Alex lachte: „Jetzt können wir ungestört machen, was wir wollen, wir sind mal für einen Tag von der lästigen Schule befreit und auch vom lästigen Tim."

„Aber was ist, wenn die in der Schule merken, dass wir nicht da sind? Dann kriegen wir voll den Ärger", hatte Robin Bedenken.

„Ich weiß, dass wir Ärger kriegen, aber ich habe schon vorgesorgt. Ich habe das Telefonkabel rausgezogen", meinte Alex. „Dann kann Frau Meyer nicht anrufen. Und die Handynummern von meinen Eltern hat sie nicht."

Nachmittags rief die Lehrerin die Eltern von Alex und Robin an, aber niemand war zu erreichen. „Okay, wenn sie morgen nicht auftauchen, gehe ich zum Rektor", murmelte Frau Meyer vor sich hin.

Am nächsten Tag kamen Alex und Robin erst zur zweiten Unterrichtsstunde.

„Ihr beiden seid zu spät", beschwerte sich Herr Ding.

„Entschuldigung, wir haben verschlafen", antworteten sie.

„Das ist die letzte Verwarnung, beim nächsten Mal gibt's Nachsitzen", ermahnte der Mathelehrer.

„Okay, wird nicht wieder vorkommen", erwiderten beide.

„Das hoffe ich auch, also setzt euch hin und hört zu."

In der Pause wollte die Klasse wissen, warum Alex und Robin gestern nicht in die Schule gekommen waren, aber Alex sagte nur genervt: „Das geht euch nichts an."

Die anderen Schüler in der 8. Klasse merkten nun auch, dass Alex und Robin großen Ärger bekommen würden. Sie redeten heimlich miteinander, damit es Alex nicht mitbekam. Denn sie hatten etwas Angst, wenn der Boss der Klasse auch auf sie sauer wäre.

Isabel dachte über den Tag nach, an dem sie die Präsentation gehalten hatte. Da fiel ihr plötzlich etwas ein: Alex hatte sie doch gefragt, ob er helfen könnte. Und sie war mit den Plakaten beschäftigt gewesen. Hatte Alex vielleicht etwas an Sarahs Laptop gemacht? Isabel beschloss, mit Sarah darüber zu sprechen.

„Sarah, hast du ein bisschen Zeit in der Hofpause?", fragte Isabel.

Sarah war verwundert: „Natürlich? Worum geht es?"

„Warte mal bis nachher", antwortete Isabel nur kurz.

„Da stimmt doch etwas nicht", dachte Sarah, „was will mir Isabel nur sagen?"

Im Schulhof standen Sarah und Tim in einer Ecke, als Isabel dazukam.

„Sarah, erinnerst du dich an die Präsentation? Du hattest deinen Laptop in der Schule dabei und bist aus dem Zimmer gegangen, um den Beamerwagen zu holen", erzählte Isabel.

„Na und?", fragte Sarah.

„Alex hat sich an diesem Tag anders als sonst benommen. Er hat mich ganz freundlich gefragt, ob er uns helfen könnte. Ich habe dann unsere Plakate aufgehängt. Kann es sein, dass Alex etwas an deinem Laptop gemacht hat?", fragte Isabel.

Sarah schlug sich mit der Hand an die Stirn: „Jetzt verstehe ich alles! Ich war so unvorsichtig und hatte einen kleinen Aufkleber mit zwei Passwörtern hinten auf den Laptop geklebt. Bestimmt hat Alex den gesehen und sich die Passwörter gemerkt."

„Ja, und am Tag nach eurer Präsentation fing es doch mit dem Müll auf deinem Facebook-Account an", erinnerte sich Tim.

Sarah fiel Isabel vor Freude um den Hals: „Vielen Dank, dass du mir das gesagt hast. Nun finden wir immer mehr Beweise, wie alles gelaufen ist."

„Isabel, kannst du das dem Rektor erzählen?", fragte Tim.

Isabel dachte kurz nach: „Ja, das kann ich machen. Dann will Alex mich wahrscheinlich auch mobben, aber bestimmt hilft uns der Schulleiter."

Die Polizei war zur gleichen Zeit mit ihren Nachforschungen weitergekommen. Ein IT-Experte hatte Alex' Laptop genau unter die Lupe genommen und auch den Ordner mit der Bezeichnung „Opfer" gefunden. Die Bilder im Ordner verglich er mit den Fotos auf Sarahs und Tims Facebook-Account. Diese Fotos und auch die beleidigenden Kommentare hatte er sofort gespeichert, als er den Bericht seines Kollegen bekommen hatte. Beim Vergleichen der Bilder wurde ihm klar, dass Alex der Täter sein musste. Der Polizeibeamte vereinbarte einen Termin mit dem Rektor der Schule.

Alex und Robin merkten, dass die Lage für sie langsam gefährlich wurde. Manche Klassenkameraden hielten nun Abstand zu ihnen. Alex war nicht mehr für alle der große Boss. Isabel sagte sogar „Neandertaler", wenn sie mit Sarah über Alex sprach. Tessa hatte sowieso immer zu Sarah und Tim gehalten. Manche hatten aber immer noch nichts gelernt. Zum Beispiel war Jonas ganz auf der Seite von Alex und Robin. Er fand die beiden cool, weil sie immer für Abwechslung und Spaß in der Schule sorgten.

„Wir müssen etwas unternehmen, damit Tim aufhört, uns überall schlechtzumachen", sagte Alex zu Robin. „Wenn wir jetzt nichts machen, bekommen wir bald einen riesengroßen Ärger mit dem Schulleiter und den Lehrern. Wahrscheinlich mischt sich noch die Polizei ein und wir landen vor dem Richter."

„Aber wir brauchen mehr Leute, die uns helfen", meinte Robin.

„Dann fragen wir doch mal Jonas, ob er nicht zu uns hält", schlug Alex vor.

Jonas war einverstanden den beiden zu helfen. Zu dritt schmiedeten sie einen Plan.

Kapitel 8

Tim wollte am nächsten Freitagnachmittag ins Jugendhaus Herzogenried gehen, doch es war noch nicht offen. Es öffnete um 18.00 Uhr für Jugendliche und es war erst 14.30 Uhr. Tim rief Sarah an und sagte, dass sie zu ihm kommen sollte. In der Zwischenzeit spielte er auf der Playstation 3. Mitten im Spiel rief die Mutter, weil Tim ihr beim Haushalt helfen musste.

Er musste erst mal den Boden in mehreren Zimmern wischen. Danach sollte er das schmutzige Geschirr in die Spülmaschine einräumen. Das fiel ihm nicht schwer, weil er das fast jeden Tag machte. Jetzt war die letzte Aufgabe zu erledigen: die Wäsche aus der Waschküche im Keller holen. Er rannte die Treppe mit dem Wäschekorb hoch, doch dabei ließ er ihn fallen. Der Wäschekorb fiel alle Treppenstufen hinunter und die frisch gewaschenen Kleidungsstücke lagen nun auf einem großen Haufen vor der Kellertür. Nun stieg Tim wieder die Treppe hinunter, packte alles in den Korb und ging in die Wohnung. Dort angekommen musste er die Wäsche zusammenlegen und das dauerte und dauerte.

Als er fertig war, rannte er zu seiner Mutter und sagte: „Ich habe alles erledigt. Sarah kommt gleich, wir gehen dann ins Jugendhaus."

Die Mutter sagte: „O.k., mach dich fertig."

Nach zehn Minuten kam Sarah in die Wohnung, die Mutter begrüßte sie. Tim schlug vor: „Lass uns ins Jugendhaus gehen."

Sarah fragte: „Wieso ins Jugendhaus? Du hast mir nichts gesagt am Telefon."

Tim reagierte nicht darauf, er nahm Sarahs Hand und seine Jacke. Sie gingen ins Jugendzentrum und setzten sich auf das Sofa, doch nach zwanzig Minuten kamen Alex, Robin und Jonas. Tim ignorierte sie und schaute sie nicht einmal an, er war nur auf Sarah fixiert.

Aber Alex blickte nur auf die beiden. Dann flüsterte er ganz leise in Robins Ohr: „Wir können Tim doch eine Falle stellen, damit er uns nicht weiter Ärger macht."

Zusammen holten sie Jonas und schmiedeten in einem anderen Zimmer einen Plan.

Alex schlug seinen Kumpels vor: „Also, ich gehe zu Tim und sage ihm, dass ich sein Handy weggenommen habe. Dann gebe ich ihm sein Handy an einem Treffpunkt zurück. Dort können wir ihm eine reinschlagen."

Doch Robin fragte: „Aber warum willst du das machen?"

„Damit Sarah sich wieder in mich verliebt, was denn sonst! Ich will mit Sarah zusammen sein und Tim eins auswischen, das wird schön."

Alex fing an zu lachen und Jonas meinte: „Nichts gegen dich, aber das wird nicht funktionieren, weil Sarah nicht in dich verliebt ist, sondern in Tim."

Doch da unterbrach Alex ihn: „Natürlich schaffe ich das, ich habe alle anderen Mädchen, die ich wollte, auch bekommen. Ich bin Alex, bei mir klappt alles, was ich will. Macht euch keine Sorgen!"

Jonas und Robin sagten: „O.k., wenn du meinst. Aber wir wetten, dass es nicht funktioniert."

Nun ging Alex ganz locker zum Sofa, auf dem Sarah und Tim sich küssten. „Hallo Tim", sagte er freundlich, „Robin hat mir erzählt, dass du alles herausgefunden hast. Es stimmt, ich habe dein Handy weggenommen. Ich will es dir aber zurückgeben. Morgen Nachmittag habe ich ein Fußballspiel und muss danach zu einem Freund gehen, der im Jungbusch wohnt. Bei ihm habe ich das Handy versteckt. Wenn du um 20 Uhr unter der Auffahrt zur Kurt-Schumacher-Brücke bist, kann ich dir das Handy zurückgeben. Wenn du nicht kommst, musst du bis nach den Weihnachtsferien warten, denn ich bin eine Woche mit meinen Eltern im Skiurlaub."

Tim überlegte. Er traute Alex nicht richtig. Aber er wollte sein Handy, das er am Schuljahresanfang geschenkt bekommen hatte, möglichst schnell wieder haben. Denn dieses Handy war viel teurer als sein jetziges Ersatzhandy. Er dachte nach: „Soll ich wirklich gehen? Alex könnte mich ja versuchen zu schlagen und mir etwas antun. Und an diesem Treffpunkt unter der Brücke ist es ziemlich dunkel und unheimlich. Ist das Risiko nicht zu groß? Nein, es ist nicht gefährlich. Um 20 Uhr sind noch viele Leute auf der Straße unterwegs. Ich werde mich mit Alex treffen. Denn ich will mein iPhone so schnell wie möglich zurück. Im Notfall kann ich ja auch wegrennen, dann kann Alex mich nicht schlagen."

Auch Sarah war von Alex' Vorschlag überrascht. Sie kannte die Kurt-Schumacher-Brücke, die von Mannheim über den Rhein nach Ludwigshafen führte. Wie kam Alex nur auf die Idee, sich dort zu treffen? Aber bevor sie etwas gegen den Vorschlag einwenden konnte, sagte Tim schon zu Alex: „O.k., ich komme."

An diesem Samstag konnte Tim lang ausschlafen. Für den Nachmittag hatte er sich wieder mit Sarah verabredet, aber diese wollte ab 19 Uhr bei der Geburtstagsparty ihrer Freundin sein. Sarah fragte verwundert: „Willst du dich wirklich mit Alex treffen? Hast du es dir nicht doch anders überlegt?"

Tim antwortete: „Zur Kurt-Schumacher-Brücke ist es mit der Bahn doch nicht weit. Ich muss von Seckenheim mit der Linie 5 zum Paradeplatz in Mannheim fahren und dann noch ein kurzes Stück mit der Linie 2. Es ist zwar dunkel, aber so spät ist es doch auch wieder nicht. Ich will unbedingt mein iPhone zurück. Und dann kann Alex mit meinen Fotos, die auf dem Handy gespeichert sind, auch keinen Quatsch mehr machen."

Als Tim bei der Haltestelle Rheinstraße ausstieg, hatte er doch ein mulmiges Gefühl. Denn als er die kurze Strecke zum Treffpunkt unter der Brückenauffahrt zurücklegte, war dort kaum ein Mensch zu sehen. „Ach was", dachte er, „was soll mir schon passieren?"

Er musste noch ein paar Minuten warten, denn Alex war nirgends zu sehen. Es war schon längst dunkel und die Umgebung sah trostlos aus. Hier unter der Kurt-Schumacher-Brücke lag Müll herum, an die Betonpfeiler waren Graffiti gesprüht worden. Dies machte einen sehr unordentlichen Eindruck. In dem verwilderten Gebüsch raschelte es auf einmal in der Dunkelheit. Tim sah genauer hin und erblickte eine Ratte. „Puh, wie eklig!", rief er aus.

Plötzlich hörte Tim in der Dunkelheit Schritte, aber es waren nicht seine Klassenkameraden, sondern drei Männer. Sie schauten ihn sehr komisch an. Plötzlich sagte einer der Männer zu Tim: „Was machst du hier noch so spät? Es könnte dir ja was passieren!"

Tim bekam Angst und sagte: „Ich bin nicht alleine, mein Vater arbeitet bei der Polizei und er ist schon auf dem Weg hierher."

Der Mann wunderte sich und die drei Erwachsenen gingen weiter. Tim hatte Angst, weil die Männer ihn so seltsam angeschaut hatten. 20 Minuten später kamen Alex, Robin und Jonas. Alex trug einen Mofahelm in der Hand. Tim wunderte sich weshalb, aber dann fiel ihm ein, dass Alex ein Mofa besaß. Tim machte einige Schritte auf die drei zu und freute sich, schon gleich sein teures Handy in der Hand zu haben. Doch die Klassenkameraden hatten eine ganz andere Absicht.

Ohne Vorwarnung stürzten sie sich zu dritt auf Tim. Alex begann mit dem Angriff. Er holte aus und schlug Tim mit voller Wucht den Mofahelm gegen den Kopf.

„Das ist dafür, weil du mir Sarah weggenommen hast!", brüllte er dabei wütend.

Tim gelang es nicht, sich zu wehren, denn er hatte nicht mit diesem plötzlichen Angriff gerechnet. Vor Schmerz schrie er auf, er blutete aus einer Platzwunde.

„Was willst du denn von mir, du Feigling!", rief er. „Du bist so gemein. Drei gegen einen ist voll unfair!"

Er versuchte möglichst schnell wegzurennen. Doch Tim hatte keine Chance, denn Robin und Jonas hielten ihn fest. Tim konnte sich gerade noch auf den Beinen halten, als Robin sich auf ihn stürzte und ihn mit den Fäusten boxte. Auch Jonas machte mit, er trat Tim zwischen die Beine. Drei Gegner waren für Tim zu viel. Obwohl er versuchte, sich zu verteidigen, schlugen und traten ihn seine Klassenkameraden. Sie dachten in diesem Moment überhaupt nicht darüber nach, was sie taten. Alex ging es nur darum, Tim endgültig als Konkurrenz bei der Freundschaft mit Sarah aus dem Weg zu räumen. Robin und Jonas unterstützten Alex, weil sie zu ihrem Freund halten wollten.

Plötzlich klingelte Tims Handy. Es war Sarah, die sich Sorgen um ihn machte, aber Tim konnte sein Handy nicht mehr aus der Tasche holen. Er war zu sehr damit beschäftigt, den Schlägen und Tritten auszuweichen. Ihm war es übel, aber er schaffte es nicht wegzurennen. Er stöhnte vor Schmerzen.

Schließlich holte Alex zu drei weiteren heftigen Schlägen mit dem Helm gegen Tims Kopf aus. Man hörte das hässliche Geräusch, als der Helm auf Tims Kopf krachte. Tim schrie auf, stürzte zu Boden und schlug mit dem Hinterkopf auf dem Gehweg auf. Dort blieb er regungslos liegen. Er blutete aus mehreren Platzwunden am Kopf. Robin und Jonas traten dem Bewusstlosen einige Male gegen den Brustkorb, so dass mehrere Rippen brachen. Das Blut färbte den Gehweg unter Tim rot, bald lag er in einer Blutlache. Er hatte Blutergüsse im Bereich um die Augen und blutige Absonderungen kamen aus den Ohren.

Nun klingelte das Handy von Tim ein zweites Mal. Alex nahm es Tim, der sich immer noch nicht bewegte, aus der Tasche. Auf dem Display stand „Mama". Mit spöttischem Gesicht warf Alex das Handy gegen den Brückenpfeiler. Während der ganzen Prügelei war niemand an dem Platz unter der Brücke zu sehen gewesen, kein Mensch kam vorbei.

„Das reicht", sagten die drei Täter zueinander. Sie ließen den Bewusstlosen auf dem Boden liegen und machten sich auf den Weg nach Hause. Alex verschwendete keinen Gedanken daran, wie es Tim ging. Doch Jonas und Robin hatten ein mulmiges Gefühl im Bauch. Sie wollten lieber nicht daran denken, was sie angerichtet hatten.

Während der Schlägerei hatte Sarah Tim auf dem Handy angerufen, aber Tim hatte sich nicht gemeldet.

„Komisch", murmelte Sarah vor sich hin, „sonst geht er immer dran, wenn ich ihn anrufe. Hm, vielleicht ist er noch unter der Brücke bei dem Treffen. Dann hole ich ihn jetzt mal ab, dass er nicht alleine nach Hause fahren muss. Einen Teil vom Heimweg können wir zusammen fahren."

Da es schon spät war, musste Sarah zwanzig Minuten auf die nächste Bahn warten.

„Toll, endlich ist die Bahn da. Jetzt muss ich noch ein bisschen laufen und schon bin ich am Treffpunkt unter der Brücke. Eigentlich wäre ich lieber zu Hause, würde mich vor den Fernseher legen und einschlafen", dachte sie.

Kurz bevor sie zur Brücke kam, liefen ihr Alex, Robin und Jonas über den Weg. Sarah fragte die drei nach Tim, bekam aber keine vernünftige Antwort.

„Oh mein Gott, da liegt Tim! Er verblutet ja fast, ich muss den Notarzt anrufen und die Polizei!", waren Sarahs nächste Gedanken. Sie war zu Tode erschrocken.

Kurze Zeit später sah sie schon das Blaulicht und hörte das Martinshorn. Ein Polizeiwagen traf ein und danach der Krankenwagen mit dem Notarzt. Die Polizisten rannten herbei und beugten sich über Tim: „Das sieht nicht gut aus." Der Notarzt kam sofort dazu und begann mit der Behandlung des Schwerverletzten. Er legte eine Nadel in Tims Vene und versorgte ihn so mit Medikamenten. Außerdem wurde Tim beatmet. Bald darauf fuhr der Rettungswagen mit Blaulicht ins Krankenhaus. Der Kampf um Tims Leben hatte begonnen.

Die Polizisten kümmerten sich um Sarah und fragten sie nach dem Vorfall. Aber Sarah war so geschockt, dass sie kaum einen vernünftigen Satz herausbekam. Sie schluchzte zum Herzzerbrechen. Etwas später konnte sie den Namen und die Adresse von Tim und den drei Tätern nennen. Sie konnte auch ungefähr beschreiben, was sie erlebt hatte. Die Beamten forderten weitere Kollegen an. In einem Polizeiauto wurde Sarah nach Hause gebracht.

Nun kamen Experten von der Spurensicherung zum Tatort. Sie suchten nach Hinweisen auf die Täter und sicherten Beweismaterial. Dann sperrten sie den Tatort ab. Einer von ihnen schaute im Gebüsch unter der Brücke nach und fand dort den Mofahelm.

„Da haben wir etwas", sagte er zu seinen Kollegen und zeigte den Helm, „der ist blutig. Hier können wir die Fingerabdrücke abnehmen und finden dadurch vielleicht den Täter. Wir bringen den Helm zur kriminaltechnischen Untersuchung."

Um 22 Uhr war Tim immer noch nicht zu Hause. Die Mutter fing an sich Sorgen zu machen, denn normalerweise sagte Tim immer Bescheid, wenn es später wurde. Frau Grau versuchte viele Male, Tim anzurufen, doch sein Handy funktionierte anscheinend nicht. Florian Seitz war gerade zu Besuch. Er meinte: „Du musst nicht immer gleich Angst haben, wenn Tim mal spät nach Hause kommt. Er ist doch schon 14."

Aber es wurde 23 Uhr, es wurde 24 Uhr und noch immer gab es keine Nachricht von Tim. „Tim ist vielleicht verunglückt oder es ist ihm etwas zugestoßen", weinte die Mutter. „Ich werde jetzt Sarah anrufen, sie wird etwas wissen."

Doch auf Sarahs Handy meldete sich nur die Mailbox. Verzweifelt hinterließ Frau Grau die Nachricht: „Hallo, Sarah, hier ist Tims Mutter. Weißt du, wo er ist? Er ist immer noch nicht zu Hause."

Florian Seitz schlug vor: „Wenn Tim in einer Stunde noch nicht da ist, werden wir die Polizei informieren."

Mittlerweile war es fast ein Uhr nachts, es klingelte plötzlich an der Haustür. Die Mutter öffnete zitternd die Tür. Ein Polizeibeamter stand davor und fragte: „Kann ich hereinkommen?"

Voller Angst führte ihn die Mutter ins Wohnzimmer.

Dort berichtete der Polizist: „Tims Freundin Sarah hat uns alarmiert. Sie wusste, dass Tim sich mit anderen Jungen heute Abend an der Kurt-Schumacher-Brücke treffen wollte. Aber sie hatte keinen Handykontakt mehr zu ihm. Er wurde heftig geschlagen. Der Notarzt kam sofort und kümmerte sich um Ihren Sohn."

Die Mutter und Florian Seitz fragten entsetzt: „Wie geht es Tim? In welchem Krankenhaus ist er?"

„Er ist im Universitätsklinikum", sagte der Polizist.

Tims Mutter rief: „Lass uns hingehen, sofort!!!"

Sie und Herr Seitz stiegen ins Auto und fuhren sofort los ins Klinikum. Die Fahrt dauerte zwar nur eine Viertelstunde, aber sie kam ihnen endlos vor. Frau Grau quälte sich mit vielen Fragen: „Wie kann es sein, dass Tim so etwas zustößt? Waren die Probleme in der Schule doch schlimmer, als ich dachte? Hätte ich Tim mehr helfen können? Warum hat Sarah nicht gleich angerufen, als sie Tim so schwer verletzt fand?" Auch Herr Seitz machte sich Vorwürfe, dass er sich nicht mehr um Tim gekümmert hatte.

Als sie beim Universitätsklinikum ankamen, parkten sie schnell in der Tiefgarage, rannten zur Information und fragten, wo Tim Grau lag.

Die Krankenschwester sagte: „Auf der Station 32-3 befindet sich Ihr Sohn."

Die Eltern rannten zur Tür der Intensivstation. Sie klingelten, eine Schwester öffnete die Tür und fragte nach, was sie wollten. Als sie hereingelassen worden waren, kam ein Arzt.

Er informierte sie mitfühlend: „Leider hat Ihr Sohn ein schweres Schädel-Hirn-Trauma. Er musste als Notfall sofort operiert werden und ist zurzeit noch im OP."

Frau Grau wurde blass, sie zitterte. Die Tränen strömten ihr aus den Augen. Sie konnte sich kaum noch auf den Beinen halten, fast wäre sie zusammengebrochen. Zusammen mit ihrem Freund setzte sie sich im Wartebereich auf einen Stuhl, bis die Operation beendet war und Tim in ein Zimmer gebracht wurde. Die Mutter durfte ihn sehen, Herr Seitz wartete draußen auf sie.

Tim lag schwer verletzt mit einem Verband um den Kopf im Bett. Er war an ein Beatmungsgerät angeschlossen, mehrere Monitore blinkten. Die Mutter fasste vorsichtig nach Tims Hand. Doch er zeigte keine Reaktion, denn er war bewusstlos. Frau Grau konnte ihre Tränen nicht unterdrücken, als sie ihren Sohn so hilflos und schwer verletzt im Krankenbett liegen sah. Sie durfte nicht lange bei ihm bleiben.

Am Morgen eilte die Mutter gleich wieder ins Krankenhaus. Eine der Intensivschwestern sagte ihr: „Tim ging es heute Nacht schlecht."

Frau Grau wartete und rief weinend Florian Seitz an. Dieser kam auch sofort und setzte sich neben sie in die Wartezone. Tims Mutter fragte ihn: „Wird Tim sterben? Werde ich noch mit ihm reden können?"

Sie konnte die Nachricht kaum verarbeiten. Verzweifelt erinnerte sie sich an alles, was sie mit Tim erlebt hatte. Sie dachte daran, wie er als Baby in ihren Armen gelegen war, wie es ihm im Kindergarten ergangen war. Viele schöne Urlaubstage kamen ihr in Erinnerung, jetzt waren sie nur noch wie ein vergangener Traum. Dann dachte Tims Mutter an den schrecklichen Tag, als sie die Nachricht vom Verkehrsunfall ihres Mannes erhalten hatte. Sie und Tim waren damals völlig verzweifelt gewesen.

Traurig flüsterte Frau Grau ihrem Freund zu: „Ich weiß nicht, wie ich es aushalten soll, wenn das Schlimmste passiert und Tim stirbt. Es ist doch noch nicht einmal zwei Jahre her, seit Tims Vater verunglückt ist." Herr Seitz umarmte sie wortlos und Tims Mutter konnte sich kaum beruhigen.

Dann kam der Arzt. Er sagte zu Tims Mutter: „Ihr Sohn hatte schwere Hirnblutungen und eine Hirnschwellung. Deshalb mussten wir heute Nacht sofort operieren."

Frau Grau machte sich Vorwürfe: „Warum habe ich nicht auf Tim aufgepasst, wieso konnte ich ihm nicht helfen? Vielleicht wird er sterben!" Sie entgegnete dem Arzt geschockt: „Bitte lassen Sie ihn nicht sterben! Bitte, ich verkrafte es nicht!"

Der Arzt erklärte Tims Mutter ausführlich, wie die Hirnoperation durchgeführt worden war und in welchem Zustand sich Tim befand. Wieder fing Frau Grau an zu weinen, Florian Seitz und der Arzt trösteten sie.

Am Abend verließen Tims Mutter und ihr Freund das Krankenhaus und fuhren nach Hause. Doch die Mutter konnte nicht schlafen. Sie versuchte die ganze Zeit einzuschlafen, aber ohne Erfolg. Sie probierte, einfach nicht an Tim zu denken, doch das schaffte sie nicht, weil sie noch so viel mit ihm hatte unternehmen wollen.

„Ich wollte mit ihm reden, mit ihm lachen, mit ihm zusammen verreisen", weinte sie leise vor sich hin.

Dadurch wurde Florian Seitz aufgeweckt.

„Was ist los, kannst du nicht schlafen?", fragte Herr Seitz seine Freundin.

Da antwortete Tims Mutter: „Ich will nicht, dass Tim stirbt!"

Er antwortete ihr: „Ich sage dir was: Du gehst jetzt schlafen und morgen werden wir wieder zum Krankenhaus fahren."

Dann konnte Frau Grau einschlafen.

Am Morgen fuhren sie zum Universitätsklinikum und am Eingang der Intensivstation sagte ihnen eine Schwester: „Tim ist wieder im Operationssaal." Frau Grau und ihr Partner saßen im Wartebereich und machten sich große Sorgen, dass Tim die Operation nicht überstand. Denn sie hatten keine Informationen, was gerade vor sich ging. Plötzlich kam ein Arzt zu ihnen und Tims Mutter fragte: „Was ist passiert?"

Er antwortete: „Die Schwester hat Tims Zustand kontrolliert und dabei festgestellt, dass die Sonde verstopft war. Durch diese Sonde wird der Liquor, die Flüssigkeit im Gehirn, abgeleitet. Wir mussten sofort handeln und bei einer Operation eine neue Sonde legen."

Frau Grau fragte geschockt: „Aber Tim wird doch überleben?"

Der Arzt antwortete bedrückt: „Ich kann Ihnen diese Frage leider nicht beantworten."

Und nun warteten Frau Grau und Herr Seitz erneut, bis alle Ärzte und Schwestern den Operationssaal verließen. Der Chirurg teilte ihnen mit: „Die Sonde liegt jetzt wieder richtig. Wir wissen aber nicht, wie stark das Gehirn Ihres Sohns durch die Schwellung geschädigt wurde."

Die Mutter fragte: „Kann ich jetzt zu ihm?"

„Ja, das ist möglich. Sie müssen sich nur leise verhalten", erwiderte der Arzt.

Am nächsten Tag fuhren Tims Mutter und ihr Freund erneut ins Klinikum. Sie kamen an und Frau Grau marschierte eilig Richtung Station 32-3. In Zimmer Nr. 5 lag der Junge sehr schwach und noch immer bewusstlos in seinem Bett. Die Mutter umarmte Tim ganz vorsichtig und flüsterte: „Du bist mein Ein und Alles, was würde ich ohne dich tun?" Sie streichelte seine Hände, dabei strömten ihr die Tränen über die Wangen. Florian Seitz saß neben ihr am Bett, er legte den Arm um seine Freundin.

Nachmittags kam zwei Polizeibeamte auf die Intensivstation und sagten zum Arzt: „Wir wollen Tim ein paar Fragen über die Schlägerei stellen."

Dieser antwortete: „Das ist nicht möglich. Der Patient ist nicht ansprechbar und befindet sich in einem schlechten Zustand."

Die Beamten bedankten sich für die Auskunft und verließen das Krankenhaus.

Dann fuhren sie mit dem Polizeiwagen zu Sarah. Diese sah den Wagen auf der Straße und wusste, dass sie nun befragt wurde.

Als sie klingelten und Sarah die Tür geöffnet hatte, fragte sie die zwei Beamten: „Was ist los, warum sind Sie hier? Ich habe doch schon berichtet, was ich erlebt habe."

„Wir sind hier, weil wir alle Einzelheiten über die Schlägerei wissen müssen. Denn Tim ist bewusstlos und kann uns nichts sagen", war die Antwort.

Sarah berichtete: „ Also, ich habe mir Sorgen gemacht, weil von Tim jede Spur fehlte, ich konnte ihn auch nicht auf dem Handy erreichen. Deshalb bin ich abends heimlich zur Kurt-Schumacher-Brücke gefahren. Auf dem Weg von der Straßenbahnhaltestelle zur Brücke bin ich Robin, Alex und Jonas entgegengekommen. Ich fragte, ob sie Tim gesehen haben, aber Alex sagte mit einem Grinsen im Gesicht: „Keine Ahnung, hoffentlich ist ihm nichts passiert. Sag Bescheid, wenn du ihn gefunden hast." Nun gingen sie schnell weg und ich rannte unter die Brücke. Ich sah Tim da liegen und war geschockt, als ich das Blut sah. Ich kniete neben ihm nieder auf den Boden, aber Tim reagierte nicht mehr. Dann rief ich sofort die Polizei und den Notarzt an. Beide kamen sehr schnell. Mehr weiß ich nicht."

„Das wollten wir wissen, danke für die Informationen", sagten die beiden Beamten.

Am nächsten Tag erschien die Polizei zur gleichen Zeit bei Alex, Robin und Jonas zu Hause. Die Beamten hatten einen Durchsuchungsbeschluss vom Jugendrichter dabei. Sie durchsuchten genauestens die Zimmer der Täter und danach auch die anderen Räume. Die drei waren zu Tode erschrocken. Sie hatten überhaupt nicht damit gerechnet, dass man ihnen die Tat so schnell nachweisen konnte. Bei der Durchsuchung fand die Polizei genügend Beweismaterial. Die blutigen Kleidungsstücke hatten die Jungen zwar versucht zu verstecken, aber die Beamten von der Spurensicherung hatten keine Schwierigkeiten, sie zu finden. Nach der Hausdurchsuchung nahmen die Beamten die Jungen zum Verhör mit, ihre Eltern mussten ebenfalls mitkommen.

Frau Grau machte sich in den nächsten Tagen große Sorgen, denn Tim ging es nicht besser. Die Schwestern kontrollierten regelmäßig seine Pupillen, er bekam kreislaufstabilisierende Medikamente und wurde beatmet. Über eine Sonde wurde ständig der Hirndruck überprüft.

Sieben Tage nach der Prügelei piepste der Monitor an Tims Bett plötzlich wie verrückt. Die Intensivschwester rannte herbei und schaute nach, was die Ursache war: Tims Hirndruck war gestiegen. Die Ärzte mussten ihn erneut operieren. Tims Mutter wurde informiert und kam sofort ins Klinikum, sie fragte: „Was ist passiert und warum muss er nochmals operiert werden? Wie ist sein Zustand?"

„Wir können noch nichts sagen, die Operation hat vor 15 Minuten begonnen. Aber wenn Sie wollen, kann ich Ihnen etwas zu trinken anbieten", sagte der Arzt beruhigend zu Frau Grau und Herrn Seitz, der sie begleitete.

Nun setzten sie sich in das Wartezimmer und warteten, bis der Chirurg kam. Die Mutter fragte weinend: „Wie geht es Tim und was ist überhaupt passiert?"

„Er musste operiert werden, weil er wieder ein Gehirnödem, eine Hirnschwellung, bekam. Tim wird bestens versorgt", beruhigte sie der Arzt.

Leider konnten die Ärzte nach dieser Operation der Mutter keine Hoffnung machen, dass Tim überleben würde.

Frau Grau und Herr Seitz fuhren schockiert nach Hause.

Plötzlich klingelte es und da stand auf einmal Sarah. „Wie geht es Tim?", fragte sie. Sie durfte Tim bisher nicht auf der Intensivstation besuchen, weil es ihm so schlecht ging.

Frau Grau fing an zu weinen und sagte: „Tim musste noch einmal operiert werden, denn er bekam wieder eine Hirnschwellung."

„Überlebt er die Operation?", fragte Sarah zögernd die Mutter.

Darauf antwortete Frau Grau: „Das wissen wir auch noch nicht, wir hoffen, dass Tim es überstehen wird."

Am nächsten Tag ging Sarah nicht zur Schule, denn sie fuhr mit Frau Grau und Herrn Seitz ins Krankenhaus, um zu sehen, wie es Tim nach der Operation ging. Als sie ankamen, erfuhren sie vom Arzt: „Tims Zustand hat sich kaum gebessert." Sarah und Frau Grau begannen zu weinen und Florian umarmte Frau Grau. Zu Hause angekommen machte Herr Seitz einen Kaffee für seine Freundin.

Währenddessen ging Sarah nach Hause und rief Frau Meyer, ihre Klassenlehrerin, an. Sie berichtete ihr alles, was im Krankenhaus passierte. Frau Meyer war sprachlos, als sie das hörte. Ein Junge in ihrer Klasse war von drei Mitschülern schwer verletzt worden und würde vielleicht sterben! Diese Nachricht konnte sie kaum glauben. Es war doch nicht möglich, dass Alex, Robin und Jonas sich so brutal verhalten hatten.

Als sie wieder einen klaren Gedanken fassen konnte, fragte Frau Meyer: „Welchen Grund gab es denn für die Prügelei?"

Sarah erwiderte: „Alex wollte unbedingt, dass ich seine Freundin bin. Aber ich liebe Tim und nicht Alex. Deshalb hat Alex zuerst Tim und später auch mich lange gemobbt. Durch die Prügelei wollte er mich Tim endgültig wegnehmen."

Die Klassenlehrerin glaubte ihren Ohren nicht zu trauen und Sarah fuhr fort: „Frau Meyer, ich glaube, das meiste haben Sie gar nicht gemerkt."

Dann erzählte sie ihr in allen Einzelheiten, welche Gemeinheiten sich Alex ausgedacht hatte. Frau Meyer konnte es kaum fassen, was in ihrer Klasse vorgefallen war. Gleichzeitig bekam sie ein schlechtes Gewissen, denn sie fragte sich: „Wie konnte es nur sein, dass ich die meisten Vorfälle nicht mitbekommen habe?"

Sarah hörte zwar durch Tims Mutter, dass die Polizei bei den Tätern gewesen war, aber ihre Gedanken kreisten nur um Tim. Hoffentlich würde er überleben. Frau Grau und Florian Seitz waren jeden Tag im Krankenhaus bei Tim, Sarah durfte ihren Freund mittlerweile auch besuchen. Zuerst sah es so aus, als ob Tim sich erholen würde.

Doch ein paar Tage später kam es zu einer weiteren Verschlechterung seines Zustandes. Die Mutter und Sarah saßen gerade an Tims Bett, als es Tim besonders schlecht ging. Der Arzt, der an diesem Tag Dienst hatte, kümmerte sich zwar sofort um ihn. Aber er konnte Tim nicht mehr helfen. Tim starb.

Kapitel 9

Am Tag nach den Weihnachtsferien kam Frau Meyer mit dem Rektor in der ersten Stunde in die Klasse. Alle wussten, dass das nichts Gutes bedeuten konnte. Der Rektor informierte die Schüler: „Ich weiß, ihr habt jetzt Unterricht bei Frau Meyer. Aber ich bin hier, um euch eine schlimme Nachricht zu überbringen. Es geht um Tim, er wurde nämlich zu Beginn der Ferien schwer verletzt unter einer Brücke gefunden. Noch in den Weihnachtsferien starb er im Krankenhaus."

Während der Direktor sprach, schweiften Sarahs Gedanken ab. Sarah dachte an den ersten Schultag nach den Sommerferien, als Tim das erste Mal in die Klasse kam. Sie fand ihn gleich sehr nett. Er wurde zwar von einigen Mitschülern gemobbt, aber für Sarah war er ein ganz normaler Junge und der beste Freund, den sie je gehabt hatte.

Der Tag im Schullandheim, an dem ihre Freundschaft begonnen hatte, war der schönste Tag für sie. Alex und seine Freunde spielten Tim im Schwarzwald sehr viele und sehr fiese Streiche. Tim war deswegen traurig und gekränkt. Als Sarah ihn tröstete, kamen sie schließlich zusammen. Doch schon im Landheim sagte Alex Sarah, dass er sie lieben würde. Und Sarah erwiderte, dass sie mit Tim zusammen wäre und Alex nicht als Freund wollte.

Nach dem Landheim tauchten diese dummen Bilder im Internet auf. Die Beziehung zwischen Tim und Sarah war einmal kurz vor dem Ende. Aber dann konnten fast alle Mobbingaktionen aufgeklärt werden. Alex und seine Freunde mobbten nur, weil sie es nicht akzeptierten, dass Tim mit Sarah zusammen war. Das schlimmste Erlebnis für Sarah war der Augenblick, als sie Tim unter der Brücke fand mit schweren Verletzungen. Es war einfach nur furchtbar anzusehen, wie er bewusstlos ins Krankenhaus gebracht wurde. Und den Kummer und die vielen Tränen von Frau Grau zu sehen war eine belastende Zeit in Sarahs Leben. Aber sie musste stark bleiben, denn sie war sich bewusst, dass noch viel mehr auf sie zukommen würde.

Die Klasse war schockiert, manche begannen zu weinen. Sarah strömten die Tränen aus den Augen. Viele schauten zu den leeren Stühlen von Alex, Robin und Jonas.

Der Rektor sagte noch zur Klasse: „Ich weiß, ihr seid schockiert. Und ich fordere euch eindringlich auf: Wenn ihr etwas über diese Tat wisst oder über die Täter, dann sagt es gleich. Das war es, was ich euch mitteilen wollte. Gleich kommen noch zwei Polizeibeamte und ein Psychologe."

Dann klopfte es an der Tür. Zwei Polizisten in Uniform und ein großer Mann in einem Jackett kamen ins Klassenzimmer. Einer der Polizisten stellte sich vor die Klasse und sprach mit ziemlich lauter Stimme: „Dass wegen einer oder mehrerer Personen Tim so früh sterben musste, ist einfach nur traurig. Er war so jung. Wenn ihr etwas über diesen Vorfall wisst, dann ist es wichtig, dass ihr es sagt. Oder wenn es euch später einfällt, könnt ihr jederzeit anrufen, ich lasse euch die Nummer hier."

Alex' und Robins Freunde schauten sich an, sie waren natürlich schockiert.

Der Polizist gab danach das Wort an den Psychologen weiter. Dieser sprach: „Ich weiß, ihr seid alle geschockt, aber das Leben muss weitergehen. Eines Tages werdet ihr das verstehen und akzeptieren, dass Tim nicht mehr bei uns sein kann. Zusammen mit eurer Klassenlehrerin könnt ihr nachher noch ausführlich über alles reden und euch an Tim erinnern." Danach ergänzte er: „Ich lasse meine Karte hier, wenn jemand Hilfe braucht, kann er sich bei mir melden."

Der Mann schaute sich um, er sah Sarah, ging zu ihr und fragte sie leise, was für ein Verhältnis sie zu Tim hatte. Sarah antwortete dem Mann, dass es ihr Freund war, daraufhin gab der Psychologe ihr seine Karte.

Der Rektor fragte die Klasse, ob jemand Fragen hatte.

Da meldete sich ein Junge und erkundigte sich: „Was passiert mit den Schlägern, wenn sie erwischt werden?"

Der Polizist antwortete: „Die werden erst verhört. Wenn sie 14 Jahre oder älter sind, dann kommen sie vor Gericht und im schlimmsten Fall werden sie ins Gefängnis gehen."

Alle waren geschockt. Sie vermuteten, dass Alex, Jonas und Robin mit der Schlägerei zu tun hatten. Keiner konnte sich die drei Jungen im Jugendgefängnis vorstellen. Nun verließen der Rektor, die zwei Polizisten und der Psychologe das Klassenzimmer.

Frau Meyer redete lange mit ihrer Klasse und zusammen legten sie eine Schweigeminute für Tim ein. Danach gestalteten sie einen Erinnerungsort an Tims ehemaligem Platz im Klassenzimmer. Jeder schrieb einen Brief für ihn, sie stellten ein Bild von Tim auf, das Frau Meyer unter ihren Fotos vom Schullandheim gefunden hatte, und zündeten noch eine Kerze an. Da die Jugendlichen sich nicht mehr konzentrieren konnten, war die Schule für die Klasse früher zu Ende.

Verwirrt ging Sarah nach Hause, sie legte sich ins Bett und hatte tausend Fragen in ihrem Kopf: „Wieso ist Tim zu dem Treffpunkt unter der Brücke gegangen? Hat er es wegen mir gemacht? Gab es andere Gründe? Hatte er keine Ahnung, dass die drei Jungen ihm etwas antun wollten?" Sarah schloss die Tür zu, weil sie nicht wollte, dass jemand sie tröstete. Sie weinte und konnte fast nicht mehr aufhören.

Nach ein paar Stunden fuhr sie mit dem Fahrrad zu Tims Mutter, um mehr herauszufinden. Als Sarah vor der Tür stand, erinnerte sie sich an die schöne Zeit mit Tim. Sie klingelte. Die Mutter ging zur Tür, und als sie Sarah sah, schossen ihr die Tränen in die Augen.

„Komm rein, Sarah", sagte Frau Grau. Sie setzten sich ins Wohnzimmer und schauten sich alte Bilder von Tim an. Nach einer halben Stunde kam Herr Seitz herein. Die Mutter fragte ihren Freund: „Hast du ein schönes Plätzchen für Tim gefunden?" In der Zeit, als sie sich die Bilder angeschaut hatten, hatte sich die Mutter beruhigt. Aber nun, als es um das Grab ging, fing sie wieder an zu weinen. Herr Seitz hatte auf dem Friedhof in Seckenheim einen Platz gefunden. Aber es brach Frau Grau fast das Herz, sich über Tims Beerdigung Gedanken zu machen. Bald darauf ging Sarah nach Hause, weil es schon spät war. Um

24 Uhr versuchte sie immer noch einzuschlafen, konnte es aber nicht.

Am nächsten Tag wachte sie müde auf. Sie befragte ihre Mitschüler, ob jemand etwas wusste, wie Alex und seine Freunde die Tat geplant hatten, aber niemand hatte brauchbare Informationen.

Als die erste Stunde begann, kamen außer der Lehrerin auch noch der Rektor und zwei andere Männer ins Klassenzimmer.

Diese Männer waren von der Kriminalpolizei, einer der Polizisten fing an zu reden: „Wie ihr wisst, ist ein Mitschüler von euch durch gefährliche Körperverletzung gestorben. Wir wollen erfahren, ob ihr etwas darüber wisst, ob Tim mit einem von euch Probleme hatte oder etwas anderes vorgefallen war."

Ein Junge fragte: „Woher wissen Sie, dass Tim an gefährlicher Körperverletzung gestorben ist?"

Darauf antwortete der andere Polizist: „Jemand hat uns nach der Straftat alarmiert, wir ermitteln noch."

Es war ganz leise in der Klasse.

Nach dem Unterricht ging Sarah nach Hause, sie machte sich Gedanken über die ganze Sache. Dann fuhr sie zum Tatort, dort kam sie gar nicht an die Stelle, wo sie Tim gefunden hatte. Der Tatort war abgesperrt worden. Sarah wollte nur noch nach Hause gehen und sich ins Bett legen. Das konnte sie aber nicht, da auch bei ihr zu Hause zwei Polizisten waren. Sie erkannte die zwei Polizisten wieder, es waren dieselben wie heute in der Schule.

Die Polizisten fragten Sarah: „Wie nah standest du Tim?" Sarah sagte nichts und ging in ihr Zimmer und schaute sich die Bilder von Tim an, die sie noch hatte. Die Polizisten kamen ins Zimmer und sagten zu Sarah: „Schreib bitte deine Handynummer auf einen Zettel." Als Sarah das tat, redeten die Polizisten noch mit ihrer Mutter. Die erzählte, dass Tim und Sarah ein Paar gewesen waren. Sarah gab den Polizisten den Zettel, sie verabschiedeten sich und meinten: „Wir melden uns bald wieder."

Bevor die Mutter ins Zimmer von Sarah gehen konnte, schlug Sarah ihre Tür zu und schloss sie ab.

Die Mutter rief „Sarah, mach bitte die Tür auf, ich muss mit dir reden!"

Sarah öffnete die Tür. Die Mutter kam ins Zimmer und setzte sich auf Sarahs Bett. Sie sagte: „Ich weiß genau, was du durchmachst."

Sarah unterbrach sie: „Du weißt gar nichts. Oder ist dein Freund schon mal so verletzt worden, dass er deswegen sterben musste?"

Die Mutter antwortete: „Doch, mir ist es auch so ergangen!"

Neugierig fragte Sarah: „Kannst du die Geschichte erzählen?"

Die Mutter berichtete nun: „Es ist schon lange her, aber ich kann mich noch gut an die Geschichte erinnern. Ich war in deinem Alter. Mein Freund war dunkelhäutig und fast alle Jungs aus der Klasse haben ihn verachtet. Nur ich und sein Freund haben zu ihm gehalten. Zum Schluss haben sogar die Mädchen und ein paar Lehrer ihn ignoriert, bis dann einige Jungs in der Pause kamen und …"

Da kam Sarahs Vater ins Zimmer und unterbrach die Mutter: „Mach dich fertig, wir wollten doch noch einkaufen gehen!"

Sarah sagte: „Mama, ich kann mich beschäftigen, bis du wieder da bist."

Die Mutter verabschiedete sich von Sarah und ging aus dem Zimmer. Als die Eltern weg waren, schaltete Sarah den Fernseher im Wohnzimmer ein und legte sich aufs Sofa. Sie klickte sich auf der Fernbedienung durch die verschiedenen Programme. Als sie einen Bericht über Tim sah, fing sie an zu weinen. Sie schaltete schnell zu einem anderen Sender um. Dort sah sie wieder einen Bericht über Tim. Sofort suchte sie eine weitere Sendung und schaute eine Kinderserie an. Später wurde es ihr langweilig, sie ging in ihr Zimmer und legte sich ins Bett.

Am Wochenende bat sie ihre Mutter die Geschichte weiterzuerzählen. Die Mutter stimmte zu und fing an: „Wo waren wir nochmal stehen geblieben? Ja, jetzt weiß ich es wieder. Als die Jungs in der Pause zu mir und meinem Freund kamen, teilten sie uns mit, was sie herausgefunden hatten. Sie hatten nämlich ein bisschen Detektiv gespielt wegen der ganzen Mobbingaktion gegen meinen Freund. Dabei hatten sie herausgefunden, dass zwei aus meiner Klasse die Anführer waren. An einem nebligen Abend, als mein Freund mit der letzten Bahn nach Hause fahren wollte, kamen diese Anführer und schubsten ihn vor die Bahn. Mein Freund starb dann zwei Tage später im Krankenhaus."

Jetzt konnte Sarah ihre Mutter verstehen. Sie packte ihre Tasche, nahm sich ein Stück Brot und erklärte ihrer Mutter: „Ich bin bis zum Mittagessen wieder da." Sarah fuhr zum Tatort. In der Nähe standen zwei Obdachlose. Sarah hatte ein wenig Angst, aber sie ging trotzdem zu den beiden. Diese verhielten sich freundlich. Sarah fragte, ob sie in der Nacht, als Tim heftig verprügelt wurde, etwas gehört oder gesehen hätten. Einer der zwei Männer sagte: „Ich habe zwar nichts gesehen, aber ich habe Hilferufe gehört." Sarah bedankte sich bei den Obdachlosen für die Information und schaute sich in der Gegend um. Sie fand nichts außer Müll.

Sarah nahm ihr Handy und schaute sich frustriert die Bilder von den Erlebnissen mit Tim an. Abends hatte sie wieder große Probleme einzuschlafen. Dagegen schlief sie wegen ihrer Müdigkeit in der Schule ein. Die Lehrerin weckte Sarah auf und fragte: „Geht es dir gut?"

Sarah antwortete mit müder Stimme: „Mir geht es nicht gut!"

Frau Meyer schickte sie zusammen mit einer Mitschülerin ins Sekretariat, damit sie von ihrer Mutter abgeholt werden konnte. Zu Hause ging Sarah in ihr Zimmer und malte ein Bild, auf dem sie und Tim auf einer Bank saßen. Dann konnte sie endlich einschlafen.

Am folgenden Tag fühlte sich Sarah besser, aber sie ging trotzdem nicht in die Schule. Frau Meyer berichtete der Klasse, dass Tim am nächsten Vormittag beerdigt werden würde. Als ihre Freundinnen Unterrichtsschluss hatten, wollten sie zur Ablenkung mit Sarah shoppen gehen. Doch der Plan funktionierte nicht. Sie fuhren mit der Bahn in die Mannheimer Innenstadt. In den Planken gab es viele interessante Geschäfte, zum Beispiel H&M.

Dort kaufte Sarah sich für die Beerdigung ein schwarzes Kleid. Bei Deichmann kaufte sie sich passend zum Kleid schwarze Schuhe, auch ihre Freundinnen brauchten schwarze Schuhe.

Nachdem sie mit dem Einkaufen für die Beerdigung fertig waren, fuhren sie mit der Bahn zurück. Zu Hause zeigte Sarah ihrer Mutter, was sie für die Beerdigung gekauft hatte. Beide kochten zusammen eine leckere Suppe, dann aßen sie mit dem Vater zu Abend. Sarah ging danach ins Bett, weil sie am nächsten Tag früh aufstehen musste wegen der Beerdigung.

Sarah stand schon um halb sieben auf. Sie war ganz müde vom gestrigen Tag. Wegen der Beerdigung zog sie sich schwarz an. Sie schmierte sich ein Marmeladenbrot und ging aus dem Haus.

Danach fuhr sie zur Schule, wo der Treffpunkt der Klasse war. Alle waren anwesend: die Klassenkameraden, der Rektor, Frau Meyer und weitere Lehrer. Tims Mutter und Herr Seitz warteten schon am Friedhof auf die Gruppe. Sarahs Eltern standen neben ihnen. Es waren auch Nachbarn und Klassenkameraden aus Tims ehemaliger Schule gekommen, ebenso waren ein paar Jugendliche da, mit denen Tim früher gemeinsam skaten war. Alle Leute betraten die Trauerhalle.

Dort saß der Rest von Tims Verwandtschaft und wartete. Als alle Platz genommen hatten, begann die Trauerfeier. Der Pfarrer hielt eine Rede: „Liebe Familie, liebe Schüler, liebe Lehrerinnen und Lehrer, liebe Trauergemeinde! Wir sind hier zusammengekommen, um Tim würdevoll zu betrauern. Er ist ja leider schon so früh von uns gegangen. Ich hoffe, dass Tim seine Ruhe im Himmel findet." Nachdem er eine Weile gesprochen hatte, erklärte er: „Nun übergebe ich das Wort an den Schulleiter."

Der Rektor sagte: „Danke, Herr Pfarrer. Ich finde es auch furchtbar, dass ein Jugendlicher so früh sterben musste. Leider kann dieser Tod nicht mehr rückgängig gemacht werden. Ich kann es kaum glauben, dass die Täter zu solch einer Brutalität fähig waren, den eigenen Klassenkameraden so schwer zu verletzen …"

Am Ende seiner Rede wünschte der Schulleiter Tims Angehörigen: „Liebe Familie und Freunde, nehmen Sie sich Zeit zum

Trauern und erinnern Sie sich an alles Schöne, das Sie mit Tim erlebt haben. Das Leben wird bei aller Trauer auch für Sie weitergehen und irgendwann bemerken Sie, dass es Tim bestimmt im Himmel besser gehen wird. Nun lasse ich noch einmal den Herrn Pfarrer zu Wort kommen."

Der Pfarrer las einen tröstlichen Text aus der Bibel vor und sagte: „Alles, was passiert ist, ist schwer zu verkraften, aber dennoch muss eine Beerdigung nicht nur Anlass zur Trauer sein. Sondern man kann sich auch freuen, dass Tim nun zu Gott gekommen ist und auf die Leute, die ihm lieb sind, gut aufpasst. Eines Tages werden Sie Tim wiedersehen und dann werden Sie für immer die Zeit zusammen verbringen. Nun wollen wir gemeinsam beten."

Danach legte die Trauerversammlung eine Schweigeminute zum Gedenken an Tim ein. Anschließend wurde Tims Lieblingslied gespielt, um sich von ihm zu verabschieden. Die Friedhofsangestellten trugen den geschlossenen Sarg nach draußen zu dem schon ausgehobenen Grab. Sie ließen den Sarg hinunter. Jeder konnte etwas Erde darauf schütten und eine Rose ins Grab werfen. Danach sprachen alle das Vaterunser. Der Pfarrer betete, dass es Tim im Jenseits gut gehen solle. Viele Leute weinten während der Beerdigung. Als der Pfarrer fertig war, verließen die Leute den Friedhof und gingen noch etwas essen.

Die Mutter wartete, bis alle außer den Angehörigen gegangen waren, damit sie sich von Tim ganz in Ruhe verabschieden konnte. Sie musste sehr weinen, als sie vor dem Grab niederkniete und Tim zuflüsterte: „Ich werde dich nie vergessen. Warte im Himmel mit deinem Vater auf mich. Wenn du ihn triffst, gib mir ein Zeichen." Dann nahm Florian Seitz seine Freundin am Arm, er begleitete sie nach draußen. Nun wurde Tims Grab von den Friedhofsangestellten mit Erde zugeschüttet.

Florian Seitz und Frau Grau folgten der Trauergemeinde in ein Restaurant. Dort gab es ein kleines Buffet mit Kuchen und herzhaften Snacks. Nach dem Essen beschlossen der Rektor und die Lehrer wieder zurück zur Schule zu gehen. Tims Klassenkameraden durften heimgehen. Alle verabschiedeten sich bei der Mutter und bei den Verwandten.

Sarah war alles zu viel und sie legte sich nach der Beerdigung gleich ins Bett. Nach einer Weile kam die Mutter ins Zimmer und sah, dass Sarah schlief. Deswegen verließ die Mutter ganz leise das Zimmer.

Nach einer Stunde stand Sarah auf. Sie ging in die Küche und half ihrer Mutter beim Kochen. Als Sarah und die Mutter fertig waren, kam der Vater und sie aßen gemeinsam. Danach räumte Sarah das Geschirr ab und die Mutter sortierte es in die Spülmaschine ein. Sarah ging in ihr Zimmer und bereitete ihre Schultasche für den nächsten Tag vor. Um sich abzulenken, malte sie. Nach einer Weile war Schlafenszeit.

Während die Klassenkameraden bei Tims Beerdigung waren, wurden die drei Täter von der Polizei noch einmal lang verhört. Denn mittlerweile waren die Spuren vom Tatort ausgewertet worden. Die Polizisten brachten die drei Jungen auf der Polizeiwache in getrennte Zimmer, in jedem waren zwei Beamte. Ein Polizist forderte Alex auf: „Sag jetzt lieber die Wahrheit, sonst fällt die Strafe noch schlimmer aus." Doch Alex antwortete nicht.

Die anderen Polizisten fragten Robin das Gleiche, was Alex gefragt wurde. Robin antwortete: „Wir waren es. Wir haben Tim geschlagen und getreten, bis er auf dem Boden lag. Es passierte alles wegen Alex, er hatte die Idee und hat mich noch dazu gezwungen mitzumachen. Aber nur Alex hat Tim mit dem Helm auf den Kopf geschlagen."

Währenddessen versuchte Alex noch alles zu leugnen. Dann kam ein Polizist, der Robin verhört hatte, und sagte zu seinem Kollegen: „Kannst du bitte rauskommen? Ich muss dir was sagen!"

Der Polizist ging aus dem Zimmer, dann teilte ihm der Kollege mit: „Robin hat alles zugegeben, aber er sagt, dass es Alex' Idee war."

Der Polizist war froh über diese Information und ging wieder zurück ins Zimmer. Er sagte mit erhobener Stimme: „Du warst es also doch, dein Komplize hat es zugegeben!"

Alex entgegnete: „Dieser Penner hat mich verraten!"

Nun sagte der Polizist: „Jetzt hast du es zugegeben, dass du es warst."

Danach war Alex endlich bereit zu berichten, was sich an dem Abend unter der Brücke abgespielt hatte. Jonas gab wie Robin gleich zu, dass er bei der Prügelei mitgemacht hatte. Da alle drei schon 14 Jahre alt waren, waren sie strafmündig und damit für ihre Taten verantwortlich.

Nach den Verhören fuhren die drei mit ihren Eltern nach Hause. Die Mutter von Alex fing an zu weinen. Sein Vater nahm sie in den Arm und brüllte Alex an: „Was hast du nur getan, mein Sohn? Wegen dir reden die Leute schlecht über unsere Familie."

Alex antwortete: „Das ist alles Robins Schuld."

Robin führte viele Gespräche mit seinen Eltern. Die Mutter sprach mit Tränen in den Augen: „Wieso hast du dich mit diesem Idioten Alex eingelassen? Wie konntet ihr überhaupt so brutal sein, dass Tim wegen euch gestorben ist?"

Robin antwortete: „Es war alles die Schuld von Alex, er machte das, weil er Tim nicht mochte und in Sarah verliebt war. Alex hat mich dazu gezwungen mitzumachen."

„Aber deswegen schlägt man doch keinen Menschen, dass er stirbt!", brüllte ihn sein Vater an.

Auch Jonas bekam zu Hause großen Ärger. Seine Eltern waren völlig geschockt über das, was ihr Sohn getan hatte. Viel zu spät merkte Jonas, was für eine schlimme Tat er an dem Abend unter der Brücke verübt hatte und welch furchtbare Folgen daraus entstanden waren.

Einige Tage später kam noch einmal der Rektor zusammen mit Frau Meyer in ihre Klasse. Der Schulleiter teilte den Achtklässlern mit: „Es ist nun klar, dass Alex, Robin und Jonas die Täter waren, die Tim so geschlagen und getreten haben, dass er wegen der Verletzungen gestorben ist. Die drei dürfen nicht mehr auf unsere Schule gehen."

Die Jugendlichen waren geschockt. Sie konnten es nicht fassen, dass so etwas Schlimmes unter ihren Klassenkameraden passiert war.

Ein Schüler fragte Frau Meyer: „Was passiert jetzt mit Robin, Alex und Jonas?"

Frau Meyer antwortete: „Sie warten auf ihre Gerichtsverhandlung."

Der Rektor verließ das Klassenzimmer. Frau Meyer sagte: „Aber ich glaube nicht, dass nur die drei Tim gemobbt haben."

Nun gab es eine lange Diskussion in der Klasse. Viele Schüler mussten sich eingestehen, dass sie mitgemacht hatten, Tim auszugrenzen und ihn fertigzumachen. Es waren nur wenige gewesen, die den Mut gehabt hatten, dem großen Boss Alex zu widersprechen. Aber Frau Meyer musste sich selbst sagen, dass sie nicht genau genug aufgepasst hatte, was in ihrer Klasse vor sich ging.

Mehrere Monate später musste Sarah zur Gerichtsverhandlung der drei ehemaligen Klassenkameraden gehen. Der Fall wurde vor der Jugendkammer des Mannheimer Landgerichts verhandelt. Sarah musste als Zeugin aussagen und wurde von ihren Eltern ins Gericht begleitet, das sich in der Nähe des Mannheimer Schlosses befand. Dort warteten schon die drei Angeklagten mit ihren Eltern und ihren Rechtsanwälten. Der Rektor, Frau Meyer und andere Zeugen waren ebenfalls anwesend, auch Tims Mutter sollte als Zeugin aussagen. Als Frau Grau die Eltern der Täter sah, wollte sie nicht mit ihnen reden. Die Eltern wollten sich entschuldigen, aber Tims Mutter ignorierte sie. Ihr Schmerz war zu tief.

Nun durften alle in den Gerichtssaal gehen. Die drei Angeklagten nahmen in der Mitte des Raums mit ihren Anwälten Platz. Vor ihnen war der Platz für die Richter. Da alle drei Angeklagten erst 14 Jahre alt waren, durfte kein Zuschauer bei der Gerichtsverhandlung dabei sein. Aber ihre Eltern waren natürlich anwesend. Die Zeugen mussten in einem anderen Raum warten, bis sie aufgerufen wurden. Als die drei Richter und die zwei Schöffen den Saal betraten, standen alle auf. Der Vorsitzende sagte: „Guten Morgen, Sie können sich hinsetzen. Wir sind hier wegen der Anklage gegen Alex Dreiß, Robin Kramer und Jonas Sauter."

Nun hielt der Staatsanwalt eine Rede: „Alex Dreiß wird wegen Körperverletzung mit Todesfolge angeklagt, Robin Kramer und Jonas Sauter wegen gefährlicher Körperverletzung. Zudem werden Alex Dreiß und Robin Sauter wegen Beleidigung, übler Nachrede und wegen des Verstoßes gegen das Recht am eigenen Bild und gegen die informationelle Selbstbestimmung angeklagt."

Der Staatsanwalt erklärte zuerst, wie Alex und Robin bei ihrem Cybermobbing und den anderen Mobbingattacken gegen die Gesetze verstoßen hatten. Dann fuhr er fort: „Am 22. Dezember vereinbarten Alex Dreiß, Robin Kramer und Jonas Sauter mit Tim Grau einen Treffpunkt unter der Kurt-Schumacher-Brücke. Dort sollten sie Tim Grau treffen, um dessen Handy zurückzugeben. Aber stattdessen schlug ihm Alex Dreiß insgesamt viermal mit einem Mofahelm heftig auf den Kopf. Robin Kramer boxte Tim mit den Fäusten gegen den Oberkörper und Jonas Sauter trat ihm zwischen die Beine. Durch diese brutalen Angriffe stürzte Tim zu Boden und schlug mit dem Hinterkopf hart auf dem Gehweg auf. Er war sofort bewusstlos, die Ärzte diagnostizierten im Krankenhaus einen Schädelbasisbruch. Durch die heftigen Schläge mit dem Helm entstanden Hirnblutungen und Schwellungen, die später zu Tims Tod führten. Nachdem Tim schon bewusstlos auf dem Boden lag, traten Robin und Jonas ihm noch mehrmals gegen den Brustkorb, so dass mehrere Rippen brachen. Die Täter ließen den Bewusstlosen hilflos liegen. Seine Freundin Sarah kam nach zwei Stunden zum Tatort und alarmierte die Polizei und den Notarzt."

Nach dieser Rede des Staatsanwalts begann einer der Richter, den Angeklagten viele Fragen zu stellen. Er wollte herausfinden, wer der Anstifter der ganzen Sache war und wer eher mitmachte. Das war wichtig für die Strafe, die die Richter und die Schöffen finden mussten.

Als der Richter sie befragte, verschwiegen die Angeklagten nichts. Sie gaben ihre Taten zu und berichteten, was sie an diesem Abend unter der Kurt-Schumacher-Brücke getan hatten.

Auch das Mobbing in der Schule und in der Freizeit räumten Alex und Robin ein. Alex erzählte beschämt, wie er Tim und Sarah in Facebook fertiggemacht hatte und wie er falsche Bestellungen im Internet durchgeführt hatte.

Die Rechtsanwälte verteidigten die Angeklagten. Der Verteidiger von Robin sprach: „Mein Mandant Robin wurde von Alex Dreiß zum Mitmachen gezwungen. Deshalb sollte seine Strafe nicht so hoch ausfallen wie die für Alex."

Doch der Anwalt von Alex sagte: „Mein Mandant war völlig verblendet, da er schon seit längerer Zeit in Sarah verliebt war. Dieses Jahr wollte er mit ihr zusammenkommen, aber dann war Tim Grau in der Klasse und nach kurzer Zeit waren die beiden befreundet."

Danach sagte der Richter zu einem Mitarbeiter des Gerichts: „Schauen Sie mal, ob die Zeugin da ist."

Der Mann ging hinaus und brachte Sarah in den Gerichtssaal.

Der Richter forderte Sarah auf: „Du musst als Zeugin die Wahrheit sagen, weil es sonst die Behinderung einer Ermittlung ist. Das ist auch strafbar."

Sarah entgegnete: „Ich weiß."

Der Vorsitzende stellte ihr nun eine Menge Fragen. Sarah beantwortete sie ausführlich. So erfuhr das Gericht in allen Einzelheiten, welche Mobbingaktionen gegen Tim es gegeben hatte und dass es Beweise auf Alex' Laptop gab. Dann befragte der Richter Sarah, wie sie Tim am Tatort aufgefunden hatte.

Am Ende der Befragung sprach der Richter: „Danke, Sarah, du bist nun entlassen."

Die Befragung der Angeklagten und der anderen Zeugen dauerte mehrere Stunden. Die drei Anwälte hatten ebenfalls eine Menge Fragen an die Angeklagten und die Zeugen. Auch der IT-Experte der Polizei musste aussagen. Er erklärte, welche Dateien auf Alex' Laptop gespeichert waren. Die Ergebnisse der kriminaltechnischen Untersuchung des Mofahelms wurden vom Richter vorgelesen: Am Helm waren einwandfrei die Fingerabdrücke von Alex gefunden worden. An Tims Kleidung fand man

DNA-Spuren von allen drei Tätern und an den Kleidungsstücken von Alex, Robin und Jonas konnte man Tims Blut nachweisen. Eine Ärztin vom Rechtsmedizinischen Institut in Heidelberg gab Auskunft, an welchen Verletzungen Tim gestorben war.

Dann wurde der Jugendgerichtshelfer befragt. Er hatte die drei Familien besucht und lange Gespräche geführt. Dem Gericht erklärte er, dass Alex' Eltern ihren Sohn nicht mehr unter Kontrolle hatten und dass sich die beiden anderen Eltern gut um ihre Söhne kümmerten.

Am Ende hielt der Staatsanwalt eine Rede. Er zählte noch einmal alle schlechten Taten der Angeklagten auf und forderte als Strafen zwei Jahre Jugendgefängnis für Alex, für Robin eineinhalb Jahre Jugendgefängnis auf Bewährung und für Jonas ein Jahr Jugendgefängnis auf Bewährung.

Danach hielten nacheinander die drei Verteidiger ihre Reden. Sie meinten, dass deutlich niedrigere Strafen ausreichen würden. Der Rechtsanwalt von Alex forderte, auch bei diesem Jungen müsste es Bewährung geben.

Die letzten Reden hielten die Angeklagten. Die drei Jungen sagten nur wenige Sätze, die ziemlich ähnlich waren: „Ich bereue sehr, was ich getan habe. Ich wünschte, es wäre nicht passiert." Sie schauten dabei Frau Grau an und wirkten sehr traurig, als sie sich bei ihr entschuldigten.

Der Vorsitzende gab nun bekannt: „Das Gericht zieht sich jetzt zur Beratung zurück. Wir werden ungefähr eine Stunde überlegen." Die drei Richter und die beiden Schöffen gingen in den Nebenraum und beredeten, was sie mit den drei Jugendlichen machen sollten.

Als die Familien auf das Urteil warteten, ging Robins Mutter zur Alex' Mutter und meinte: „Nur wegen deinem gewalttätigen Sohn wird mein Sohn bestraft."

Darauf sagte Alex' Mutter: „Dann hätte er sich nicht auf ihn einlassen sollen." Die Väter beruhigten die beiden Frauen.

Nach über einer Stunde kam es zur Urteilsverkündung. Die Richter und die Schöffen kamen wieder in den Gerichtssaal und alle blieben stehen.

Der Vorsitzende sagte: „Im Namen des Volkes ergeht folgendes Urteil: Alex Dreiß wird wegen Körperverletzung mit Todesfolge zu zwei Jahren Jugendgefängnis auf Bewährung verurteilt. Robin Kramer wird zu dreizehn Monaten Jugendgefängnis auf Bewährung verurteilt und Jonas Sauter zu zehn Monaten Jugendgefängnis auf Bewährung. Die Bewährungszeit beträgt jeweils drei Jahre. Die Kosten des Gerichtsverfahrens bezahlen die Angeklagten. Alle drei müssen in der Bewährungszeit einen sozialen Trainingskurs machen und 200 Sozialstunden ableisten."

Dann konnten sich alle Leute im Gerichtssaal wieder hinsetzen und der Richter begründete das Urteil: „Alex, für deine Tat müsstest du eigentlich zwei Jahre ins Jugendgefängnis, denn vor allem wegen dir ist Tim gestorben. Aber du bist noch sehr jung und hast nicht geplant gehabt, Tim zu töten. Aus Wut hast du ihn so schlimm geschlagen. Wenn du in den nächsten drei Jahren noch einmal eine Straftat begehst, musst du ins Gefängnis. Robin, du hast bei allen Straftaten von Alex mitgemacht und warst zu feige, nein zu sagen. Deine Strafe ist niedriger, aber auch du musst ins Jugendgefängnis, wenn in den folgenden drei Jahren noch einmal eine Straftat passiert. Jonas, du warst nicht beim Mobbing, aber bei der schlimmen Prügelei dabei. Deshalb ist deine Strafe noch etwas niedriger. Aber auch für dich ist das die letzte Chance.

Ihr werdet alle drei einen sozialen Trainingskurs besuchen, weil ihr Konflikte nicht ohne Gewalt lösen könnt. Außerdem müsst ihr ehrenamtliche Arbeit leisten, damit ihr ein kleines bisschen wiedergutmacht, was ihr Tim und seiner Familie angetan habt. Doch ihr werdet eure Tat nie ungeschehen machen können. Euer Bewährungshelfer wird mit euch besprechen, wo ihr arbeiten werdet. Bei Alex wird das Jugendamt für eine intensive Erziehungsberatung der Eltern sorgen."

Als die Gerichtsverhandlung zu Ende war, gingen die Eltern zu Alex, Robin und Jonas und umarmten ihre Kinder. Sie waren sehr erleichtert, dass die Jungen eine Bewährungsstrafe bekommen hatten und nicht sofort ins Jugendgefängnis gebracht wurden.

Tims Mutter flüsterte Sarah zu: „Jetzt haben die Täter ihre Strafe bekommen, aber niemand kann mir meinen Sohn zurückgeben." Nach dem Gerichtsverfahren gingen Sarah, Tims Mutter und Florian Seitz zum Friedhof. Auf dem Weg unterhielten sie sich über die Strafen für Alex, Robin und Jonas. Als sie einen Blumenladen sahen, kauften sie Blumen für das Grab.

An Tims Grab sagte die Mutter: „Hallo Tim, endlich haben Robin, Alex und Jonas die Strafe bekommen, die sie verdient haben. Wir haben dir frische Blumen mitgebracht." Dann stellte sie die Blumen auf das Grab. Tims Mutter fragte Sarah, ob sie ihre Eltern anrufen wollte, dass sie essen gehen würden. Sarah sagte ja und sie fuhren zu einem Restaurant. Dort aßen sie zu Mittag und machten einander Mut.

Sarah meinte: „Aber es ist schade, dass Tim nicht da ist."

Am nächsten Tag versammelte sich die ganze Klasse um Sarah und wollte wissen, wie es bei der Gerichtsverhandlung gewesen war. Sarah erklärte ihnen alles. Die meisten freuten sich, dass die Täter ihre gerechte Strafe bekommen hatten.

Ein halbes Jahr später ging es allen wieder besser. Alex, Robin und Jonas hatten eine neue Schule gefunden und leisteten ihre Sozialstunden ab. Sarah traf sich oft mit ihren besten Freundinnen und ging jedes Wochenende zu Tims Grab. Tims Mutter heiratete Florian Seitz, der sie in den schweren Tagen, als Tim im Krankenhaus lag und starb, sehr unterstützt hatte. Da er und Frau Grau gerne reisten, hatten sie ein gemeinsames Hobby. Die Reisen lenkten Tims Mutter von ihrem Kummer ab, denn sie besuchte immer noch häufig Tims Grab. An manchen Wochenenden trafen sich Sarah, Sarahs Eltern, Tims Mutter und Florian Seitz. Sie hatten ein gutes Verhältnis zueinander.

Sarah kam nach den Sommerferien in die 9. Klasse. Eines Tages erzählte sie ihrer Mutter: „Heute Nachmittag wird mich ein Junge abholen. Er heißt Felix Sturm. Willst du ihn kennenlernen?"

Danksagung

Wir danken ganz herzlich allen Personen und Organisationen, die uns beim Schreiben des Buchs geholfen haben:

- dem Verein „Sicherheit in Mannheim" (SiMA) für die großzügige finanzielle Unterstützung
- der Esser-Stiftung für ihre großzügige finanzielle Unterstützung
- der Buchhandlung Braun in Seckenheim für die großartige Unterstützung unserer Schule
- Stefan Klinga und Jutta Gräber-Theunissen vom Stadtmedienzentrum Mannheim für die Durchführung der Einführungsveranstaltung und für die vielen guten Ratschläge
- Florian Grunow vom Chaos Computer Club, der eine Nachmittagsveranstaltung für uns und die Eltern durchführte, um uns über die Methoden von Hackern und über geeignete Passwörter aufzuklären
- dem Jugendschöffengericht Mannheim, weil wir bei einer Gerichtsverhandlung zuhören durften
- Günther Bubenitschek, der uns als Kriminalhauptkommissar Informationsmaterial zur Verfügung stellte und wichtige Kontakte knüpfte
- Reiner Greulich, der uns als Polizeihauptkommissar durch seine Fachkenntnisse unterstützte
- Carola Kupfer, die als Autorin den Anstoß zu diesem Projekt gab, vier sehr informative Workshops mit uns durchführte und uns durch zahlreiche wertvolle Hinweise bei der Verbesserung unserer Texte half
- Wolfgang Schröck-Schmidt, der als Verleger sehr auf unsere Wünsche bei der Gestaltung des Buchcovers einging
- Stephan Meinzer, dem Konrektor unserer Schule, der uns äußerst tatkräftig in allen organisatorischen Angelegenheiten unterstützte
- Ehrentraud Tillessen von der Seckenheimschule für das Lektorat in den Weihnachtsferien
- dem Lions Club Mannheim-Rosengarten für den Preis, den er uns für soziales Engagement verliehen hat

Ohne diese Unterstützung hätte das Projekt nicht verwirklicht werden können. Vielen Dank!

Die Klasse 6bR mit ihrer Klassenlehrerin Dorothea Müller

Sophia und der Steinmetz,
Eine Liebesgeschichte im mittelalterlichen Regensburg
200 Seiten, Taschenbuch, Edition Schröck-Schmidt KIDS, 2011
ISBN: 978-3-9813254-1-6; Preis: 11,95 Euro

Ich bin Thomas, Mein neues Leben unter dem Hakenkreuz
200 Seiten, Taschenbuch, Edition Schröck-Schmidt, 2012
ISBN: 987-3-9813254-4-7; Preis: 11,95 Euro

Falkenauge, Unheil droht Schloss Auerbach
180 Seiten, Taschenbuch, Edition Schröck-Schmidt Kids, 2013
ISBN: 987-3-9813254-7-8; Preis: 11,95 Euro

Spuren im Asphalt, Am Ring schließt sich der Kreis
150 Seiten, Taschenbuch, Edition Schröck-Schmidt, 2014
ISBN: 978-3-945131-02-2 ; Preis: 11,95 Euro

Burning Memories, Friedberg – zwei Zeiten, ein Zeichen
172 Seiten, Taschenbuch, Edition Schröck-Schmidt Kids, 2014
ISBN: 978-3-945131-01-5 ; Preis: 11,95 Euro